职业教育汽车类专业活页式新形态创新教材

新能源汽车维修业务接待

罗海英　岑伟原　蒙富华　编著

机械工业出版社

本教材围绕新能源汽车维修业务接待流程，以工作页形式进行编写，主要内容包括新能源汽车分类、岗位认识、服务预约、客户接待、制作工单、处理增项、结算交车、回访客户8个项目。本教材内容紧扣当前新能源汽车售后市场，做到理论与实际紧密结合。

本教材内容新颖全面、图文并茂、通俗易懂、易学好教，配有丰富的数字化资源，在封底贴有天工讲堂刮刮卡，读者用手机扫描，便可观看教学视频，既可作为高等职业院校汽车技术服务与营销专业学生用书，也可作为汽车职业技能培训和售后服务人员的参考用书。

图书在版编目（CIP）数据

新能源汽车维修业务接待 / 罗海英，岑伟原，蒙富华编著 . -- 北京：机械工业出版社，2025.6. -- （职业教育汽车类专业活页式新形态创新教材）. -- ISBN 978-7-111-78484-5

Ⅰ. U469.707

中国国家版本馆 CIP 数据核字第 2025VD0865 号

机械工业出版社（北京市百万庄大街22号　邮政编码100037）
策划编辑：谢　元　　　　　　　　责任编辑：谢　元　丁　锋
责任校对：邓冰蓉　任婷婷　景　飞　封面设计：张　静
责任印制：单爱军
中煤（北京）印务有限公司印刷
2025年7月第1版第1次印刷
184mm×260mm · 11印张 · 251千字
标准书号：ISBN 978-7-111-78484-5
定价：49.90元

电话服务　　　　　　　　　　　网络服务
客服电话：010-88361066　　　　机　工　官　网：www.cmpbook.com
　　　　　010-88379833　　　　机　工　官　博：weibo.com/cmp1952
　　　　　010-68326294　　　　金　书　网：www.golden-book.com
封底无防伪标均为盗版　　　　　机工教育服务网：www.cmpedu.com

前 言

公安部发布数据显示，截至2024年底，我国新能源汽车保有量达3140万辆，其中纯电动汽车保有量2209万辆，占新能源汽车总量的70.34%，相应的售后服务需求也随之增加，对维修业务接待人员的数量需求不断加大。优质的售后服务成为赢得客户的关键，不仅能解决客户在使用产品或服务过程中遇到的问题，而且还能增强客户对该品牌的信任和忠诚度。

本教材专注于新能源汽车维修业务接待流程的典型工作任务，涵盖纯电动汽车、插电式混合动力汽车、增程式电动汽车，目的是培养学习者掌握不同类型的新能源汽车维修业务接待流程。通过系统的学习和实践，学习者能够熟悉新能源汽车维修业务接待的各个环节，包括新能源汽车分类、岗位认识、服务预约、客户接待、制作工单、处理增项、结算交车、回访客户等。本教材不仅提供了理论知识，还提供了相应的操作步骤，帮助学习者在真实的工作场景中应用，有助于提高学习者解决问题的能力，对学习者从事服务顾问岗位具有重要的现实意义。

本教材在充分调研了新能源汽车维修业务接待岗位的工作内容后，以项目任务为核心，每个项目细分为2～4个任务，通过构建任务情景，使学习过程等同于工作过程。每个任务都从客户的视角出发，通过一系列的引导性问题，引导学习者置身于仿真的工作场景，为客户解决实际问题。本教材任务内容结构涵盖任务描述、行动目的、行动步骤、评价及总结以及相关知识点五个部分，任务实施步骤综合了素质、技能、知识三大目标，便于教师进行组织和实施。同时，每个任务后面配套相应的评定表，方便学生随堂练习，也方便教师检验学生的学习效果。本教材还配备了相应课程的实操视频、微课、PPT等数字化资源，供教师在课堂开展混合式教学，也方便学习者随时随地学习。

本教材由广西交通职业技术学院"双师型"教师罗海英、岑伟原、蒙富华编著。编者参阅了大量的资料，并且得到了许多新能源汽车品牌的支持，在此，对相关企业和文献的作者表示诚挚的谢意。

由于编者水平有限，书中疏漏与不足之处在所难免，敬请各位专家和读者批评指正，编者将不断改进和充实本教材内容。

编　者

目 录

前言

01 项目一
新能源汽车分类
任务一　新能源汽车的分类 ／ 002

任务二　插电式混合动力汽车 ／ 011

任务三　增程式电动汽车 ／ 017

任务四　纯电动汽车 ／ 021

02 项目二
岗位认识
任务一　认识新能源汽车售后服务 ／ 028

任务二　服务顾问的能力要求 ／ 034

03 项目三
服务预约
任务一　解释预约 ／ 040

任务二　执行主动预约 ／ 045

任务三　执行被动预约 ／ 050

任务四　执行预约确认 ／ 056

04 项目四
客户接待

任务一　迎接客户 / 062

任务二　环车检查 / 068

任务三　车辆问诊 / 074

05 项目五
制作工单

任务一　描述维修项目 / 086

任务二　推荐产品技巧 / 099

任务三　制作工单 / 108

06 项目六
处理增项

任务一　认识增项流程 / 116

任务二　认识汽车售后服务政策 / 124

07 项目七
结算交车

任务一　内部交车 / 132

任务二　向客户交车 / 136

08 项目八
回访客户

任务一　解释回访 / 146

任务二　执行回访 / 152

附录

附录 A　主动预约实操考核评定表 / 158

附录 B　被动预约实操考核评定表 / 159

附录 C　预约确认实操考核评定表 / 160

附录 D　迎接无预约客户实操考核评定表 / 161

附录 E　迎接有预约客户实操考核评定表 / 162

附录 F　环车检查实操考核评定表 / 163

附录 G　车辆问诊实操考核评定表 / 165

附录 H　FABE 法则推荐产品实操考核评定表 / 166

附录 I　处理增项实操考核评定表 / 167

附录 J　结算交车实操考核评定表 / 168

附录 K　回访客户实操考核评定表 / 170

项目一

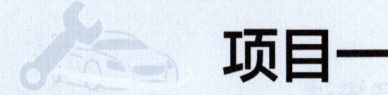

新能源汽车分类

项目描述

在当今这个全球化时代,新能源汽车领域正经历着一场前所未有的快速发展和变革。随着智能技术的不断进步和环保意识的日益增强,越来越多的国家和地区开始重视并推动新能源汽车的普及和应用。中国市场主导地位显著,作为全球最大的新能源汽车市场,2024年我国新能源汽车产销量占全球总产销量的70%,且市场规模仍在快速增长,我国车企在全球新能源汽车市场中的竞争力不断提升,比亚迪股份有限公司(简称比亚迪)、北京车和家信息技术有限公司(简称理想)、蔚来汽车科技有限公司(简称蔚来)、广东小鹏汽车科技集团有限公司(简称小鹏)、浙江零跑科技股份有限公司(简称零跑)、小米汽车有限公司(简称小米)等表现突出。

我们通过本项目的学习,可了解新能源汽车的分类,掌握不同类型新能源汽车的结构组成和技术特点,为后期接待不同类型的新能源汽车业务打下专业基础。本项目包含以下四个工作任务:

任务一	新能源汽车的分类
任务二	插电式混合动力汽车
任务三	增程式电动汽车
任务四	纯电动汽车

任务一
新能源汽车的分类

一 任务描述

客户委托：希望了解国内外新能源汽车的销量情况、新能源汽车的分类。
任务描述：向客户描述目前全球新能源汽车发展情况和分类。

二 行动目的

业务范畴	相关环节	知识
1.新能源汽车的发展情况	世界各国新能源汽车的发展情况	以我国为代表的新能源汽车发展情况、欧美一些国家新能源汽车发展情况
2.新能源汽车的分类	插电式混合动力汽车、增程式电动汽车、纯电动汽车	按能源类型分类

三 行动步骤

1. 当年具有代表性国家的新能源汽车销量情况

中国：_____
美国：_____
德国：_____
日本：_____

_____

_____

2. 新能源汽车的分类

按动力源分类：_____

按替代燃料分类：_____

3. 写出三款你比较喜欢的新能源汽车品牌车型、能源类型、续驶里程和充电时间

品牌车型 1：_____

品牌车型 2：_____

品牌车型 3：_____

四 评价及总结

1. 学生自我评价表

评价项目	评价标准	分值	得分
新能源汽车的分类	能说出新能源汽车的分类	20	
不同车型的能源类型	能说出指定品牌车型的能源类型	20	
不同车型的续驶里程、充电时间	能说出指定品牌车型的续驶里程、充电时间	10	
仪容仪表	着装得体、头发干净、符合礼仪要求、精神饱满、面带笑容	10	
工作态度	态度端正、未出现无故迟到、早退、旷课现象	10	
工作质量	能按工作页要求完成工作任务	10	
职业素养	能做到礼貌、真诚待客	10	
协调能力	与小组成员、同学之间能合作交流，团队氛围融洽	10	
合计		100	

2. 教师评价表

评价项目		评价标准	分值	得分
考勤（10%）		未出现无故迟到、早退、旷课现象	10	
工作过程（60%）	新能源汽车的分类	能说出新能源汽车的分类	10	
	不同车型的能源类型	能说出指定品牌车型的能源类型	10	
	不同车型的续驶里程、充电时间	能说出指定品牌车型的续驶里程、充电时间	10	
	仪容仪表	着装得体、头发干净、符合礼仪要求、精神饱满、面带笑容	5	
	工作态度	态度端正、认真、主动	10	
	工作质量	能按工作页要求完成工作任务	5	

(续)

评价项目		评价标准	分值	得分
工作过程 （60%）	职业素养	精神饱满、礼貌、真诚待客，动作规范麻利、话术流畅	5	
	协调能力	与小组成员、同学之间能合作交流，团队氛围融洽	5	
成果展示 （30%）	工作完整	能按时完成任务	5	
	工作规范	能按规范要求完成各个动作	5	
	成果展示	能在实车上说出具体的能源类型、续驶里程、充电时间	20	
合计			100	

五 相关知识点

新能源汽车的发展历程可追溯至 19 世纪 30 年代。该时期，电动汽车首次亮相，并在一段时间内占据汽车市场的主导地位。然而，随着时间的推移，由于内燃机技术的不断进步和石油资源的广泛开发，燃油汽车逐渐超越了电动汽车，占据了市场优势。

直至 20 世纪末，频繁出现的石油危机、日益严重的环境污染，以及气候变化的严峻形势，促使人们重新关注新能源汽车所蕴含的优势和潜力。人们开始意识到，新能源汽车不仅能够减少对化石燃料的依赖，还能有效降低温室气体的排放，对环境保护具有重要的意义。

进入 21 世纪，电池技术实现了重大突破，电机技术不断革新，控制技术实现了跨越式发展，智能技术也在持续迭代升级。由于这些关键技术的创新和进步，新能源汽车迎来了一个快速发展的新时期。其间，新能源汽车如雨后春笋般涌现，市场规模不断扩大，市场竞争力稳步提升。新能源汽车已经成为全球汽车产业发展的新引擎和趋势，各国政府和企业纷纷投入巨资进行研发和推广。

新能源汽车的发展历程主要经历了几个阶段：首先，是早期的电动汽车时代，当时的电动汽车以其清洁和安静的特点受到青睐；随后，由于技术限制和资源开发，燃油汽车逐渐成为主流；氢燃料电池汽车作为一种真正意义上的"零排放，无污染"载运工具，成为未来新能源清洁动力汽车的主要发展方向之一。进入 20 世纪末期，环境问题和能源危机的双重压力使得新能源汽车再次成为研究的热点，随着政策的支持和技术的不断成熟，新能源汽车进入快速发展的新阶段，成为全球汽车产业转型的重要方向。

1. 电动汽车的崛起、发展和停滞

作为新能源汽车的先驱，电动汽车的结构相对简单，主要由电池、电机和控制器组成，这些核心部件共同协作，能够实现对车辆的驱动。其具备诸多优势，包括运行时的静谧性、环境友好性、高能源转化效率以及零排放，这些特点使得电动汽车成为一种对环境影响较小的交通工具。此外，电动汽车的维护成本相对较低，因为其拥有较少的运

动部件，从而减小了磨损和故障的可能性。然而，其劣势同样不容忽视，如有限的续驶里程、较长的充电时间、高昂的电池成本以及在不同温度条件下的性能波动，这些因素在一定程度上限制了电动汽车的普及和使用。

电动汽车的历史可追溯至1834年，当时美国人托马斯·达文波特利用一次性的原电池制造出一辆小型电动汽车。这标志着电动汽车的诞生，为后续的技术发展奠定了基础。随着电池技术的不断进步，电池容量和使用寿命的逐渐增加，最高车速和续驶里程也得到显著提升。

19世纪末，电动汽车在市场上占据了主导地位，尤其受到女性和城市居民的青睐，原因在于其操作简便、噪声低以及无须启动曲柄。在这一时期，众多知名品牌如美国的斯蒂旁克、哥伦比亚，法国的雅诺德、拉米，德国的西门子、波尔舍等纷纷涌现。其中，拉米创造了历史，其产品成为首款时速突破100km的汽车，而波尔舍则创新性地采用了轮毂电机，这些创新为电动汽车的发展注入了新的活力。

然而，电动汽车的辉煌未能持久。随着内燃机技术的飞速发展和石油资源的大规模开发，燃油汽车迅速崛起，迅速取代了电动汽车的市场地位。燃油汽车以其长续驶能力、快速加油和强劲的动力而受到青睐，但其运行时的噪声大、污染环境、能源利用效率低和维护成本高等问题也日益凸显。在这一时期，燃油汽车的代表作频出，如美国福特的T型车，它不仅是首款实现大规模量产并普及的车型，也是装配线生产的先驱；还有德国戴姆勒与奔驰合并后的"戴姆勒－奔驰"，法国的雷诺、标致等，这些品牌和车型的出现进一步巩固了燃油汽车在市场上的地位。

从20世纪初到20世纪末，电动汽车的发展几乎停滞不前，仅少数爱好者和科研人员在持续探索。技术进步有限，主要依赖于铅酸电池和直流电机，其性能和续驶能力与燃油汽车相比差距明显。电动汽车仅在高尔夫球场、工厂、仓库等特定的场合下，才能发挥作用。尽管如此，电动汽车的环保特性和较低的运行成本仍然吸引了一些特定的客户群体，使得这一技术得以保留并持续发展。

2. 混合动力汽车的出现、发展和普及

混合动力汽车，作为一类采用内燃机与电机作为双动力源的汽车，具备根据不同的工作条件自主切换或协同运行两种动力的能力，从而实现节能降耗、减少排放的目标。该类汽车融合了发动机与电机的优势，具有较高的续驶里程，较低的油耗与尾气排放水平，并能实现能量的回收再利用。然而，其劣势亦不容忽视，包括复杂的内部结构、高昂的研发与生产成本、较大的重量以及繁杂的后期维护保养成本。

混合动力汽车的起源，可追溯至1901年，德国工程师费迪南德·保时捷（Ferdinand Porsche）匠心独运，设计并制造了一辆配备汽油发动机与轮毂电机的汽车，命名为"洛纳－保时捷"，这标志着混合动力汽车发展的开端。随着技术的不断进步，串联式、并联式、混联式、插电式等多种类型的混合动力汽车相继问世。至20世纪末，混合动力汽车开始步入商业化进程，日本的丰田与本田公司率先引领市场。当时，丰田的普锐斯、本田的雅阁以及思域等车型成为市场的典型代表。特别是普锐斯，作为首款量产的混合动力汽车，在全球市场上取得了较高的销量。

从 20 世纪末至 21 世纪初，混合动力汽车经历了迅猛的发展阶段，市场版图不断扩张，技术水平稳步提升，产品种类日益丰富。除了日本的丰田、本田，美国的福特、通用、特斯拉，德国的大众、宝马、奔驰等众多汽车制造商也纷纷加入混合动力汽车领域的竞争中，为该领域的发展注入了新的活力。

3. 氢燃料电池汽车的探索、发展和挑战

氢燃料电池汽车（Hydrogen Fuel Cell Vehicle，HFCV）是一种通过氢气与氧气在燃料电池内进行电化学反应以产生电能，进而驱动电机的特殊类型的电动汽车。该类汽车仅需加注氢气而无须进行传统意义上的充电。HFCV 的主要优势在于其较高的续驶能力、快速的加氢时间、强劲的动力输出以及清洁的排放特性，其反应产物仅为水和热量。然而，该技术也面临一些挑战，包括高昂的成本、技术的复杂性、安全以及相关基础设施的不足等问题。其发明可追溯至 1966 年，美国通用汽车公司制造的 Electrovan 使用氢燃料电池汽车碱性燃料电池。随着技术的不断改进，出现质子交换膜燃料电池、固体氧化物燃料电池、直接甲醇燃料电池等类型的氢燃料电池汽车。

21 世纪初，氢燃料电池汽车进入试验和示范阶段，由日本的丰田、本田，德国的大众、宝马、奔驰，美国的福特、通用，韩国的现代等汽车生产厂家推动，丰田 Mirai、本田 Clarity、奔驰 F-Cell、现代 Nexo 等是当时的代表作，其中 Mirai 是首款量产且全球销量最高的氢燃料电池汽车。自从 21 世纪初期开始，氢燃料电池汽车的发展步伐相对缓慢，其市场规模呈现出一种缩减的趋势。在技术发展方面，氢燃料电池汽车似乎遇到了一些难以逾越的瓶颈，导致产品种类也相应地减少。

除了日本、德国、韩国等少数国家，其他汽车市场对于氢燃料电池汽车的需求和支持程度普遍不高。这种现象背后的主要原因在于氢燃料电池汽车的成本较高，这些成本主要集中在燃料电池堆、催化剂、氢气储存和输送等关键环节；此外，氢燃料电池汽车的技术复杂性较高，这涉及燃料电池性能、稳定性、耐久性、安全性等问题；与此同时，与氢燃料电池汽车相关的基础设施建设也显得不足，包括氢气的生产、分配、加注等关键环节。因此，与电动汽车和混合动力汽车相比，氢燃料电池汽车在市场竞争力方面显得相对较弱。

4. 我国新能源汽车的发展之路

我国新能源汽车产业的发展历程，可比作一场在时间跑道上的激烈竞赛。众多汽车品牌犹如梦想追逐者，在各个方面展示其独门技艺。他们将创新视为前进的动力，科技作为加速的引擎，共同推动这一行业在历史长河里的持续进步。

（1）1992—2008 年探索培育期

钱学森院士于 1992 年提出的"新能源汽车计划"，犹如在平静湖面投下的石子，激起了新能源汽车产业发展的波澜。该计划的提出不仅为我国新能源汽车产业的发展指明了方向，更引发了社会对清洁能源汽车的广泛期待与关注。"八五"期间，国家计委在国家重点科技攻关计划中投资 1500 万元，开展"电动汽车关键技术研究"项目，为新能源汽车产业播下了希望的火种，这一举措无疑为后续的产业进步奠定了坚实的基础。"九五"和"十五"时期，科技部接过发展的接力棒，确立了"三纵三横"的研发布局，

该布局的形成标志着我国新能源汽车产业研究迈入了一个新的阶段，为产业的全面发展提供了清晰的路线图。2008年北京奥运会期间，新能源汽车的亮相及示范运行，犹如新秀登上大舞台，展示了其发展潜力，并初步具备了生产能力，为汽车工业的升级注入了新的活力。这一事件不仅向世界展示了我国新能源汽车产业的成就，也为我国汽车工业的发展注入了新的动力。

（2）2008—2017年具有里程碑意义的产业导入期

比亚迪，作为我国汽车产业的领军企业，2002年在香港证券交易所上市，实现了企业发展的重要飞跃。2005年，该公司推出F3车型，凭借亲民定价、实用配置以及稳定性能，在传统燃油汽车市场迅速获得广泛关注，为比亚迪积累了庞大的客户基数和品牌声誉，确立了在传统汽车领域的稳固地位。2008年，比亚迪在新能源汽车领域迎来了关键性的转折点。这一年，比亚迪如同一位长期潜伏、突然爆发的赛车手，以势不可挡之势推出了我国第一代量产插电式混合动力汽车。这一创举不仅标志着比亚迪正式进入新能源汽车市场，也向全球汽车行业宣告了新能源汽车量产时代的到来，为行业发展注入了强大的动力。

随后，比亚迪乘势而上，精心打造的"王朝系列"新能源车型如潮水般连续推出。其中，秦车型以其卓越的混合动力性能和配置，吸引了众多追求高效智能出行的消费者；宋车型则以时尚外观和丰富的配置选择，满足了不同客户群体的个性化需求；唐车型则凭借强大的动力输出和四驱性能，在中大型SUV市场中脱颖而出。

2015—2017年这一关键时期，比亚迪凭借"王朝系列"等车型的卓越表现，连续三年荣获我国新能源乘用车年度销量冠军。这一辉煌成就，展示了比亚迪在新能源汽车技术研发、生产制造和市场推广等方面的卓越能力，使其在新能源汽车赛道上一路领先。

与此同时，北京新能源汽车股份有限公司（简称北汽新能源）在这一阶段也展现了其非凡的实力与潜力。2009年，北汽新能源正式成立，作为我国首家成功获得新能源汽车生产资质的车企，其成立即肩负着推动国内新能源汽车产业发展的重要使命。在2009—2013年的初级发展阶段，北汽新能源如同一位潜心修炼内功的选手，专注于技术研发、生产体系建设和人才培养。通过持续的探索与积累，北汽新能源逐步构建了一套完善的新能源汽车研发与生产体系，为后续的快速发展奠定了坚实基础。2014—2019年，北汽新能源开启了高速发展的新阶段。旗下的BEIJING-EU5车型在2018年和2019年连续两年荣登国产A级纯电动汽车销量榜首。BEIJING-EU5车型凭借其长续驶里程、舒适的驾乘体验以及高性价比等，深受消费者青睐。同时，北汽新能源不断加大研发投入，丰富产品线。从微型电动车到紧凑型SUV，随着各类新能源车型的不断推出，满足了不同消费者在不同场景下的出行需求，就如同为自己的爱车精心挑选并升级装备，使其在新能源汽车市场的竞争中始终保持强劲的竞争力。

2014年，新能源汽车补贴政策在全国铺开，政策性门槛降低，吸引了大量创业者进入造车领域。这一年，小鹏汽车在广州一间破旧厂房起步，蔚来、理想、威马等品牌也相继成立。这些品牌大多由互联网从业者跨界而来，带有明显的互联网基因。

（3）2017—2020年关键的市场化发展和对外开放阶段

新能源汽车领域如一片风起云涌的战场，呈现出前所未有的全新竞争格局。蔚来，作为新能源汽车领域新兴力量的代表，于2014年11月正式成立。自成立以来，蔚来便展现出一种积极进取、勇于挑战的精神风貌。随后的数年中，蔚来汽车深刻认识到技术研发是企业立足之本和长远发展的关键，因此在研发领域投入了大量的资金和人力、物力资源。蔚来汽车创新性地推出的换电技术，有效解决了新能源汽车客户面临的充电时间长的问题，使得车主能够在短时间内完成电池更换，实现快速补能，相当于在传统加油模式与新兴充电模式之间找到了一个平衡点。而其配套的电池租用服务（BaaS），更是对传统汽车销售模式中消费者对电池一次性高额投入的模式进行了颠覆，客户仅需按需租用电池，降低了购车门槛，同时也为电池的回收利用与梯次开发提供了更为便捷的途径，为新能源汽车的使用模式带来了创新性的变革。

这一时期，政策层面也成为推动新能源汽车产业发展的重要引擎。2017年起，国家及地方政府出台了一系列旨在推动新能源汽车产业向市场驱动转型的政策措施。这些政策犹如强劲的东风，有力地推动着整个产业的发展。一方面，政府通过补贴政策、税收优惠等手段，鼓励消费者购买新能源汽车，有效激发了市场需求；另一方面，在产品准入、技术标准等方面进行了合理规范与引导，促进了新能源汽车产业的健康、有序发展。随着政策的持续发力以及产业自身的不断发展，2018年我国新能源汽车市场迎来了爆发式增长，销量一举突破100万辆大关，这一成绩不仅在我国新能源汽车产业市场取得了重大突破，更在全球新能源汽车发展进程中留下了浓墨重彩的一笔。

2020年，我国新能源汽车的保有量持续稳步增长，已接近当初国家在新能源汽车产业规划中设定的目标。与此同时，市场结构也发生了深刻的变化，私人消费在新能源汽车市场中的占比大幅提高。这一转变意味着新能源汽车不再仅仅依赖于公共领域的采购与推广，而是真正走进了千家万户，成为普通消费者日常出行的重要选择。随着市场的不断发展与完善，新能源汽车的市场覆盖范围也不再局限于传统的限购区域，在全国各大城市乃至中小城镇，新能源汽车的身影随处可见。此时的新能源汽车市场竞争愈发激烈，犹如一场硝烟弥漫的混战。传统自主品牌凭借多年积累的生产制造经验、销售网络以及品牌底蕴，在新能源汽车领域积极布局，不断推出具有竞争力的新产品。造车新势力则以创新的技术、独特的商业模式以及对客户需求的精准把握，在市场中迅速崛起，成为不可忽视的新兴力量。合资汽车依托其在国际市场上的成熟技术与品牌影响力，加快了在我国新能源汽车市场的本土化进程，试图抢占更多的市场份额。豪华品牌也纷纷发力，凭借其高端的品牌形象、精湛的工艺以及先进的技术，在新能源汽车的高端市场展开角逐。这四大阵营在新能源汽车赛道上你追我赶、互不相让，为推动我国新能源汽车产业的发展贡献着自己的力量，共同描绘出一幅波澜壮阔的产业发展画卷。

（4）2020年至今，新能源汽车进入创新发展与国际竞争阶段

比亚迪继续保持着强劲的发展势头，在2020年这个关键年份，他们推出了备受瞩目的比亚迪汉车型以及DM-i超级混动系统，这两项创新技术的推出，犹如在赛车场上

突然亮相的秘密武器，给业界带来了巨大的惊喜。与此同时，比亚迪刀片电池技术也首次亮相，其独特的设计和卓越的性能，更是让人眼前一亮，为比亚迪赢得了更多的关注和认可。

与此同时，北汽新能源在2020年也进入了重要的调整转型期。他们与国际知名的汽车零部件供应商麦格纳汽车系统（北京）有限公司（简称麦格纳）携手合作，共同推出了极狐等高端智能新能源汽车品牌。这一系列动作标志着北汽新能源在品牌升级和技术创新方面的决心和努力，致力于将品牌推向更高的层次。

蔚来作为新能源汽车领域的佼佼者，也在持续不断地投入研发资金，通过不懈的努力，蔚来不仅在国内市场取得了显著的成绩，而且其品牌的国际影响力也在稳步提升。蔚来的每一步发展，都体现了我国新能源汽车品牌在全球市场上的竞争力和影响力。

2024年小米一推出，月销量就达到2万多台。而均价超过50万元的问界汽车M9更是年销量超过20万台，抢去了奔驰、宝马、奥迪（BBA）豪华品牌市场的份额；新势力品牌理想汽车的总销量也在2024年突破了110万台。

在这一时期，我国的新能源汽车品牌仿佛是一群勇敢的探险家，他们积极地开拓国际市场，勇敢地与国际上的老牌汽车制造商展开竞争。2023年，我国新能源汽车的出口量达到了120.3万辆，同比增长了77.6%。这一数据不仅反映了我国新能源汽车市场的蓬勃发展，也象征着我国汽车品牌如同一群黑马，在世界舞台上展现出了惊人的活力和竞争力。

5. 新能源汽车的未来展望和挑战

新能源汽车的发展已经成为全球汽车产业的共同目标和方向，各国和地区都在制定和实施各种政策和措施，以促进新能源汽车的技术创新、市场推广、基础建设、产业协作等方面的进步和发展。根据国际能源署（IEA）的预测，到2030年，全球新能源汽车保有量将达到2.4亿辆；到2050年，全球新能源汽车保有量将达到10亿辆。新能源汽车的发展将对全球能源结构、环境质量、气候变化、经济社会等方面产生深远的影响和贡献。

然而，新能源汽车的发展也面临着一些挑战和难题，需要各方的共同努力和配合，以克服困难和风险，实现可持续和健康的发展。主要的挑战和难题包括：

1）技术创新的需求和压力。新能源汽车的技术水平仍然有很大的提升空间，需要在电池、电机、电控、智能、安全等方面进行持续的研发和创新，以提高新能源汽车的动力性、可靠性、舒适性、安全性等性能，降低新能源汽车的成本、重量、体积，优化充放电时间等，增强新能源汽车的竞争力和吸引力。

2）基础设施的建设和完善。新能源汽车的普及和应用需要有相应的基础设施进行支撑和保障，需要在充电、加氢、维修、回收等方面进行大规模的投入和建设，以满足新能源汽车的使用和运行条件，提高新能源汽车的便利性和可靠性。

3）政策法规的制定和执行。新能源汽车的发展需要有合理的政策法规作引导和规范，需要在补贴、税收、限行、限购、标准、监管等方面进行科学的制定和执行，以激励和约束新能源汽车的消费和生产活动，促进新能源汽车的市场化和规范化的发展。

4）产业协作的加强和深化。新能源汽车的发展涉及多个产业和领域的协同和配合，需要在汽车、能源、电力、通信、交通、环保等方面进行有效的沟通和协作，以实现资源的共享和优化，效率的提高和节约，问题的解决和协调，利益的平衡和共赢。

5）国际合作的拓展和提升。新能源汽车的发展是全球汽车产业的共同责任和机遇，需要在技术、市场、标准、政策等方面进行广泛的交流和合作，以促进新能源汽车的全球化和多元化的发展，实现新能源汽车的互利和共赢。

总之，新能源汽车的发展是汽车产业的必然趋势和方向，是应对能源危机和环境问题的重要途径，也是汽车产业转型升级的必然选择。在我国新能源汽车的发展历程中，各种新势力品牌的崛起，不仅记录了我国新能源汽车产业从无到有、从小到大的成长历程，而且书写了我国新能源汽车产业发展壮大、走向世界的精彩篇章。

任务二
插电式混合动力汽车

一 任务描述

客户委托：客户买了一辆插电式混合动力汽车，希望能知道保养周期和内容。
任务描述：告知客户插电式混合动力汽车的结构组成、保养周期和保养内容。

二 行动目的

业务范畴	相关环节	知识
1.插电式混合动力汽车结构组成	主要部件、动力模式	三大件
2.插电式混合动力汽车保养周期	保养周期	常规保养周期、换件周期
3.插电式混合动力汽车保养内容	保养内容	常规检查内容

三 行动步骤

1. 插电式混合动力汽车结构组成

主要部件：_____

_____

_____

动力模式：_____

_____

_____

自定义模式：_____

_____

_____

2. 插电式混合动力汽车保养周期

品牌车型 1：_____
品牌车型 2：_____

品牌车型 3：_____

3. 插电式混合动力汽车保养内容

品牌车型 1：_____

_____

_____

品牌车型 2：_____

_____

_____

品牌车型 3：_____

_____

_____

四 评价及总结

1. 学生自我评价表

评价项目	评价标准	分值	得分
结构组成	能说出插电式混合动力汽车的结构组成（5分/个）	20	
保养周期	能说出常规插电式混合动力汽车的保养周期	10	
保养内容	能说出常规插电式混合动力汽车的保养内容	20	
仪容仪表	着装得体、头发干净、符合礼仪要求、精神饱满、面带笑容	10	
工作态度	态度端正、未出现无故迟到、早退、旷课现象	10	
工作质量	能按工作页要求完成工作任务	10	
职业素养	能做到礼貌、真诚待客	10	
协调能力	与小组成员、同学之间能合作交流，团队氛围融洽	10	
合计		100	

2. 教师评价表

评价项目	评价标准	分值	得分
考勤（10%）	未出现无故迟到、早退、旷课现象	10	

(续)

评价项目		评价标准	分值	得分
工作过程 （60%）	结构组成	能说出插电式混合动力汽车的结构组成	10	
	保养周期	能说出常规插电式混合动力汽车的保养周期	10	
	保养内容	能说出常规插电式混合动力汽车的保养内容	10	
	仪容仪表	着装得体、头发干净、符合礼仪要求、精神饱满、面带笑容	5	
	工作态度	态度端正、认真、主动	10	
	工作质量	能按工作页要求完成工作任务	5	
	职业素养	精神饱满、礼貌、真诚待客，动作规范麻利、话术流畅	5	
	协调能力	与小组成员、同学之间能合作交流，团队氛围融洽	5	
成果展示 （30%）	工作完整	能按时完成任务	5	
	工作规范	能按规范要求完成各个动作	5	
	成果展示	能在实车上说出具体的结构名称	20	
		合计	100	

五 相关知识点

插电式混合动力汽车（Plug-in Hybrid Electric Vehicle，PHEV），就是介于纯电动汽车与燃油汽车两者之间的一种新能源汽车，既有传统汽车的发动机、变速器、传动系统、油路、燃油箱，也有纯电动汽车的电池、电机、控制电路，而且电池容量比较大，有充电接口。它综合了纯电动汽车（BEV）和混合动力汽车（HEV）的优点，既可实现纯电动、零排放行驶，也能通过混动模式增加车辆的续驶里程。

1. 插电式混合动力汽车特点

（1）可外接充电

与普通混合动力汽车不同，PHEV配备了较大容量的动力电池，并且可以通过外部电源进行充电，如家用充电桩、公共充电桩等，这使得车辆在纯电模式下能够行驶较长的里程，一般可达几十公里甚至上百公里。

（2）多种驱动模式

具备纯电行驶、纯燃油或混合动力等多种驱动模式。在城市拥堵路况或短途行驶时，可切换至纯电模式，实现零排放行驶；在高速巡航或电量不足时，可切换至燃油发动机驱动模式或混合动力模式，保证车辆的续驶里程和动力性能。

（3）节能环保

由于能够在纯电模式下行驶，减少了对燃油的依赖，降低了尾气排放，对环境更加友好。同时，在混合动力模式下，发动机和电机的协同工作也能使燃油利用率得到提高，相比传统燃油汽车具有更好的燃油经济性。

（4）动力性能较好

电机的加入使得车辆在起步和加速过程中能够获得更大的转矩，动力响应更加迅速，驾驶体验更加顺畅。而且在需要时，发动机和电机可以共同输出动力，进一步提升车辆的动力性能，满足不同的驾驶需求。

插电式混合动力汽车的工作模式包含四种，分别是纯电模式、纯燃油模式、混合动力模式和能量回收模式。

（1）纯电模式

车辆仅依靠电机驱动，电池组为电机提供电能，此时发动机不工作，车辆零排放行驶，适用于城市拥堵路况、短途行驶或对噪声要求较高的区域。

（2）纯燃油模式

当电池电量不足或需要更大的动力输出时，车辆切换至纯燃油模式，发动机单独驱动车辆行驶，其工作原理与传统燃油汽车类似。

（3）混合动力模式

在正常行驶过程中，车辆根据行驶工况和驾驶人的需求，自动切换至混合动力模式。在该模式下，发动机和电机协同工作，共同为车辆提供动力。例如，在加速、爬坡等需要较大动力的情况下，发动机和电机同时输出动力；在匀速行驶或减速时，电机可以作为发电机为电池充电，发动机则根据实际情况调整输出功率，以达到最佳的燃油经济性和动力性能。

（4）能量回收模式

当车辆减速或制动时，电机通过反转将车辆的动能转化为电能并储存到动力电池中，以实现制动能量回收、提高能源利用率，同时也减少了制动时的机械磨损。

2. 插电式混合动力汽车的优势

（1）解决续驶里程焦虑

相比纯电动汽车，PHEV不用担心续驶里程不足的问题，即使在电池电量耗尽的情况下，仍可以依靠燃油发动机继续行驶，消除了消费者对长途驾驶或找不到充电桩的担忧。

（2）降低使用成本

在日常短途出行中，使用纯电模式可以大大降低燃油消耗，减少加油次数和费用。同时，由于PHEV节能效果较好，在长期使用过程中，能够为车主节省用车成本。

（3）适应多种路况

无论是城市道路、高速公路还是乡村道路，PHEV都能根据不同的路况选择合适的驱动模式，既可以在城市中享受纯电模式的安静和环保，又可以在长途驾驶中依靠燃油发动机的长续航能力，具有较强的适应性。

3. 插电式混合动力汽车的不足

（1）成本较高

由于 PHEV 配备了复杂的动力系统和大容量的电池组，其制造成本相对较高，导致车辆的售价也普遍比传统燃油汽车和部分纯电动汽车要高，这在一定程度上限制了其市场普及程度。

（2）纯电续驶里程仍有限

虽然 PHEV 的纯电续驶里程比普通混合动力汽车有所提高，但与纯电动汽车相比仍有一定差距。对于一些日常通勤距离较长的消费者来说，可能仍然需要频繁切换到燃油模式，无法充分发挥纯电模式的优势。

（3）电池寿命和更换成本

动力电池是 PHEV 的重要组成部分，其寿命和更换成本是车主需要考虑的问题。随着使用时间的延长，动力电池的容量和性能会逐渐下降，而更换动力电池的费用较高，这可能会增加车主的后期使用成本。

4. 插电式混合动力汽车的结构组成

插电式混合动力汽车主要由发动机、驱动电机、动力电池及动力源控制系统等构成，各部分结构的组成和作用如下。

（1）发动机

通常为传统的内燃机，包括曲柄连杆机构、配气机构、燃油供给系统、冷却系统、润滑系统、点火系统（汽油机）或压燃系统（柴油机）等。其核心部件是气缸、活塞、曲轴、气门等，通过燃烧燃油产生动力。

发动机的主要作用是提供动力，在高速行驶、急加速、长距离爬坡或电池电量不足等情况下，发动机启动并直接驱动车辆行驶，为车辆提供足够的动力，确保车辆的正常行驶性能。另外，它还具备发电功能，当车辆处于能量回收模式或需要为电池充电时，发动机可以带动发电机发电，将机械能转化为电能，为动力电池充电或直接为电机提供动力，维持车辆的能量平衡。

（2）驱动电机

驱动电机主要由定子和转子组成。定子是驱动电机的固定部分，通常由铁心和绕组构成，用于产生磁场；转子是旋转部分，安装在定子内部，与定子磁场相互作用产生电磁转矩，带动转子旋转。此外，驱动电机还包括电机控制器、冷却系统、传动装置等辅助部件。

驱动电机主要作用分为以下三方面：

1）纯电驱动：在城市拥堵路况或短距离行驶时，驱动电机单独驱动车辆行驶，实现零排放、低噪声的行驶模式，减少了环境污染和燃油消耗。

2）助力驱动：在车辆加速、爬坡等需要较大动力的情况下，驱动电机可以与发动机协同工作，共同为车辆提供动力，增强车辆的加速性能和爬坡能力，提高了动力系统的整体效率。

3）能量回收：当车辆减速或制动时，驱动电机作为发电机使用，将车辆的动能转化为电能并储存到动力电池中，以实现制动能量回收，提高了能源的利用率。

（3）动力电池

动力电池的结构组成：一般由多个电池单体通过串联和并联的方式组成电池模块，再将多个电池模块组合成动力电池。电池单体通常采用锂离子电池，包括磷酸铁锂、三元锂等不同类型，每个电池单体都有正负极、电解质、隔膜等结构，同时配备了电池管理系统、冷却系统、安全防护装置等。

动力电池组的作用：

1）储存电能：作为车辆的主要能量储存装置，动力电池在车辆充电时储存电能，为电机提供动力，使车辆能够在纯电模式下行驶一定的里程，满足日常短途出行的需求。

2）能量缓冲：在车辆运行过程中，动力电池可以根据不同的行驶工况，适时地为电机提供电能或接收电机回馈的电能，起到能量缓冲和调节的作用，优化了车辆的能量管理。

3）支持系统运行：为其他电动辅助系统，如空调、转向助力、制动助力等提供电力，确保这些系统的正常运行，减少了对发动机的依赖，进一步提高了车辆的燃油经济性和能量利用率。

（4）动力源控制系统

动力源控制系统的结构组成：主要包括整车控制器（VCU）、发动机控制单元（ECU）、电机控制器（MCU）和电池管理系统（BMS）等。这些控制器通过高速通信网络相互连接，实现信息共享和协同控制，还包括各种传感器和执行器，用于采集车辆的运行状态信息和执行控制指令。

动力源控制系统的作用：

1）协调控制：根据车辆的行驶工况、驾驶人的操作意图、电池的电量状态等因素，实时协调发动机、驱动电机和动力电池的工作，合理分配动力，通过选择最佳的工作模式，如纯电模式、混合动力模式、发动机单独驱动模式等，确保车辆的动力性和燃油经济性达到平衡。

2）能量管理：通过对动力电池的充放电过程进行精确地控制，防止电池过充、过放，延长电池的使用寿命；同时，根据车辆的能量需求和电池的电量情况，合理安排发动机的发电时机和发电量，优化能量回收策略，提高车辆的能量利用率。

3）安全监控：实时监测发动机、电机和动力电池的运行状态，如监测温度、电压、电流、转速等参数，一旦发现异常，及时采取相应的保护措施，如降低功率、切断电源等，确保车辆的运行安全。

任务三
增程式电动汽车

一 任务描述

客户委托：客户买了一辆增程电动汽车，希望了解保养周期和内容。
任务描述：告知客户增程式电动汽车的结构组成、保养周期、保养内容。

二 行动目的

业务范畴	相关环节	知识
1.增程式电动汽车的结构组成	主要部件、动力模式	三大件（动力电池、电机、电控系统）
2.增程式电动汽车的保养周期	保养周期	常规保养周期、换件周期
3.增程式电动汽车的保养内容	保养内容	常规检查内容

三 行动步骤

1. 增程式电动汽车的结构组成

主要部件：_____
_____
_____

动力模式：_____
_____
_____

自定义模式：_____
_____
_____

2. 增程式电动汽车的保养周期

品牌车型 1：_____
品牌车型 2：_____

品牌车型 3：_____

3. 增程式电动汽车的保养内容

品牌车型 1：_____

_____

_____

品牌车型 2：_____

_____

_____

品牌车型 3：_____

_____

_____

四 评价及总结

1. 学生自我评价表

评价项目	评价标准	分值	得分
结构组成	能说出增程式电动汽车的具体结构组成（5 分 / 个）	20	
保养周期	能说出常规增程式电动汽车的保养周期	10	
保养内容	能说出常规增程式电动汽车的保养内容	20	
仪容仪表	着装得体、头发干净、符合礼仪要求、精神饱满、面带笑容	10	
工作态度	态度端正、未出现无故迟到、早退、旷课现象	10	
工作质量	能按工作页要求完成工作任务	10	
职业素养	能做到礼貌、真诚待客	10	
协调能力	与小组成员、同学之间能合作交流，团队氛围融洽	10	
合计		100	

2. 教师评价表

评价项目		评价标准	分值	得分
考勤（10%）		未出现无故迟到、早退、旷课现象	10	
工作过程（60%）	结构组成	能说出增程式电动汽车的具体结构组成	10	

（续）

评价项目		评价标准	分值	得分
工作过程 （60%）	保养周期	能说出常规增程式电动汽车的保养周期	10	
	保养内容	能说出常规增程式电动汽车的保养内容	10	
	仪容仪表	着装得体、头发干净、符合礼仪要求、精神饱满、面带笑容	5	
	工作态度	态度端正、认真、主动	10	
	工作质量	能按工作页要求完成工作任务	5	
	职业素养	精神饱满、礼貌、真诚待客，动作规范麻利、话术流畅	5	
	协调能力	与小组成员、同学之间能合作交流，团队氛围融洽	5	
成果展示 （30%）	工作完整	能按时完成任务	5	
	工作规范	能按规范要求完成各个动作	5	
	成果展示	能在实车上说出具体的结构名称	20	
合计			100	

五 相关知识点

增程式电动汽车是一种在纯电动汽车的基础上增加一台增程器的纯电驱动汽车，由动力电池和发电机两种电源并联。它以动力电池为主要动力，小排量发动机为辅助动力，车辆驱动能量完全并始终是电能。

增程式电动汽车的工作原理为当电池电量充足时，增程器关闭，车辆仅靠动力电池中的能量进行驱动，此时增程式电动汽车的驱动方式和能量流动，与纯电动汽车完全相同，具有"零排放、零油耗、低噪声"的优点；当动力电池电量低于一定的阈值时，增程器启动，发动机带动发电机发电，并适时为动力电池补充电量。

1. 工作模式

增程式电动汽车主要有纯电动、增程、再生制动、停车充电四种工作模式。

（1）纯电动模式

在此模式下，车辆所需动力完全由动力电池提供，增程器不工作，此时的车辆相当于纯电动汽车。与一般纯电动汽车不同的是，增程式电动汽车不必安装过多的动力电池，只需能够满足一定的续驶里程及车辆的起步、加速等工况需求即可，这样不仅可以降低整车整备质量，而且可以缩减保养成本。

（2）增程模式

当动力电池的电池荷电状态（SOC）下降到预设最低值时，增程器启动，发动机根据既定的控制策略运行，一方面为车辆续驶提供动力，另一方面为动力电池充电。该模式下，发动机可以依据恒温器模式、功率跟随模式、混合模式以及其他的智能优化算法策略进行工作，尽可能地提高车辆的各项性能以及增加续驶里程。

（3）再生制动模式

再生制动时，可以将车辆的动能转化为电能，并储存到动力电池中，以便车辆能够继续使用，这极大地提高了能量的利用率。处于再生制动模式时，其能量传递路线跟纯电动模式下的能量传递路线正好相反。

（4）停车充电模式

当车辆停止运行时，通过外部的充电设备对动力电池进行充电，保证动力电池再次工作时的电量充足。该模式可以尽可能地保证车辆是纯电动模式行驶，尽量减少对发动机的使用，以便减少污染、降低行驶成本。

2. 关键技术

当增程式电动汽车的车载可充电动力电池无法满足续驶里程要求时，可打开车载辅助发电装置为动力电池提供电能，以延长续驶里程。而辅助的发电装置，需要加汽油来供能。增程式纯电动汽车就是在纯电动汽车上增加一台增程器，这个增程器，就是用一台烧油（或烧气）的车载发动机发电。从车辆工程来说，增程式电动汽车的基本构成是一套发电系统＋纯电动汽车系统。增程式电动汽车的车载发电机系统与传统发动机系统的内部结构、外部配件是一样的，其燃油箱、油路、气路、尾气处理一样不少。而车载发电机系统与传统汽车动力源系统的区别是：车载发电机系统的直接负载是电机（发电用的），传统汽车动力源系统的直接负载是变速器。

增程式电动汽车与传统内燃机汽车相比，增程式电动汽车在废气排放和燃油消耗方面具有明显的优势；与纯电动汽车（BEV）相比，增程式电动汽车的优点是相同汽车续驶里程下的制造成本大幅降低；与混合动力汽车（HEV）相比，增程式电动汽车的结构形式更为灵活；与插电式混合动力汽车（PHEV）比较，增程式电动汽车可以获得更优的排放性能；与燃料电池汽车（FCV）相比，可以选取一个功率较小的燃料电池系统作为增程器（RE）单位，因此可以控制系统成本。

任务四
纯电动汽车

一 任务描述

客户委托：客户买了一辆纯电动汽车，希望能知道保养周期和保养内容。
任务描述：告知客户纯电动汽车的结构组成、保养周期、保养内容。

二 行动目的

业务范畴	相关环节	知识
1. 纯电动汽车的结构组成	主要部件、动力模式	三大件
2. 纯电动汽车的保养周期	保养周期	常规保养周期、换件周期
3. 纯电动汽车的保养内容	保养内容	常规检查内容

三 行动步骤

1. 纯电动汽车的结构组成

主要部件：_____
_____
_____

动力模式：_____
_____
_____

自定义模式：_____
_____
_____

2. 纯电动汽车的保养周期

品牌车型 1：_____
品牌车型 2：_____

品牌车型 3：_____

3. 纯电动汽车的保养内容

品牌车型 1：_____

_____

_____

品牌车型 2：_____

_____

_____

品牌车型 3：_____

_____

_____

四 评价及总结

1. 学生自我评价表

评价项目	评价标准	分值	得分
结构组成	能说出纯电动汽车具体的结构组成	20	
保养周期	说出常规纯电动汽车的保养周期	10	
保养内容	说出常规纯电动汽车的保养内容	20	
仪容仪表	着装得体、头发干净、符合礼仪要求、精神饱满、面带笑容	10	
工作态度	态度端正、未出现无故迟到、早退、旷课现象	10	
工作质量	能按工作页要求完成工作任务	10	
职业素养	能做到礼貌、真诚待客	10	
协调能力	与小组成员、同学之间能合作交流，团队氛围融洽	10	
合计		100	

2. 教师评价表

评价项目	评价标准	分值	得分
考勤（10%）	未出现无故迟到、早退、旷课现象	10	

(续)

评价项目		评价标准	分值	得分
工作过程 （60%）	结构组成	能说出纯电动汽车具体的结构组成	10	
	保养周期	能说出常规纯电动汽车的保养周期	10	
	保养内容	能说出常规纯电动汽车的保养内容	10	
	仪容仪表	着装得体、头发干净、符合礼仪要求、精神饱满、面带笑容	5	
	工作态度	态度端正、认真、主动	10	
	工作质量	能按工作页要求完成工作任务	5	
	职业素养	精神饱满、礼貌、真诚待客，动作规范麻利、话术流畅	5	
	协调能力	与小组成员、同学之间能合作交流，团队氛围融洽	5	
成果展示 （30%）	工作完整	能按时完成任务	5	
	工作规范	能按规范要求完成各个动作	5	
	成果展示	能在实车上说出具体的结构名称	20	
合计			100	

五 相关知识点

纯电动汽车（Battery Electric Vehicle，BEV）是指完全由电机驱动，并且驱动电能来源于车载可充电能量储存系统（REESS）的汽车。

1. 结构组成

（1）电源系统

主要包括动力电池、电池管理系统、车载充电机及辅助动力源等。动力电池一般使用锂离子蓄电池；电池管理系统可监控动力电池的使用情况；车载充电机负责转换供电模式；辅助动力源为辅助系统提供低压电源。

（2）驱动电机系统

驱动电机系统由电子控制器、功率变换器、驱动电机、机械传动装置和车轮等组成，能将动力电池的电能转化为车轮动能，也能在减速制动或下坡时实现再生制动。

（3）整车控制器

整车控制器是电机系统控制中心，处理输入信号，根据踏板信号向电机控制器发出指令，控制电机启动、加速等，还能控制动力电池充放电，传输车辆行驶信息到显示系统。

（4）辅助系统

辅助系统包含车载信息显示系统、动力转向系统、导航系统、空调、照明及除霜装置、刮水器和收音机等。

2. 工作原理

依靠动力电池储存电能，电流经调节器传递到电机，电机将电能转化为机械能，再通过动力传动系统驱动车轮使车辆行驶。在滑行或制动时，能量回收系统可将车辆的惯性机械能转化为电能，储存到电容器或为动力电池充电。

3. 纯电动汽车的关键技术

（1）关键技术指标

纯电动汽车动力电池的关键技术指标在于提高动力电池的功率、比能量、比功率、能量密度、功率密度、循环次数等。

1）功率：功率是单位时间内动力电池的输出容量，它反映了动力电池在短时间的放电性能，决定了纯电动汽车的加速和爬坡性能。

2）比能量、比功率：比能量和比功率是动力电池能量、功率和质量的比；反映单位电池质量下的能量和功率情况。

3）能量密度、功率密度：能量密度和功率密度是动力电池能量、功率和体积的比，它反映了单位电池体积下的能量和功率情况。能量密度和功率密度越大，动力电池体积越小。

4）循环次数：循环次数反映了动力电池的使用寿命。循环次数越多，动力电池寿命越长。

（2）电池管理系统

电池管理系统作为动力电池的重要部分，对于动力电池的性能发挥起着重要作用，在动力电池工作的整个过程中，电池管理系统能起到管理和检测的作用。电池管理系统主要包括数据采集、热管理、剩余容量的估算、电气控制、安全管理和数据通信。各部分的主要作用是：

1）利用各种传感器对动力电池的电流、电压、温度、充放电状态及放电深度等参数进行检测。

2）利用传感器获得的数据估算动力电池的剩余能量，即电池荷电状态——SOC。

3）系统根据检测的动力电池参数自动控制充放电状态，保证动力电池稳定工作。

4）根据采集的各种数据预测电池的各种性能，对可能出现的故障提前发出警告。

5）通过整车的通信协议共享信息，实时显示动力电池的主要性能参数。

（3）驱动电机及控制技术

电机作为纯电动汽车驱动系统最为关键的部件之一，直接影响着车辆的各项性能指标。作为车用电机首先要能够在振动大、冲击大、灰尘多、温湿度变化大的恶劣环境下可靠运行；其次，车用电机要具备低速大转矩和高速恒功率的较宽的调速能力。

（4）车身及底盘轻量化技术

由于纯电动汽车携带的动力电池容量有限，在允许的范围内减少整车重量，达到提升纯电动汽车续驶里程的目的。结构优化设计通过三种方法实现轻量化：一是通过对车身、底盘的优化分析，降低钢板厚度、减轻整车重量；二是通过整车各部分结构的小型化设计，缩小骨架尺寸，实现车身、底盘轻量化；三是通过改变驱动方式来达到轻量化目的。

新能源汽车
维修业务接待

项目二

岗位认识

项目描述

整车销售（Sale）、零配件供应（Sparepart）、售后服务（Service）、信息反馈（Survey）构成了4S店的四大核心功能。几乎所有的4S店都是在汽车生产厂家统一的模式和标准下进行运营管理的。与传统汽车品牌不同的是，许多新能源汽车品牌采用的是直营模式，也就是由总公司直接经营，但不管是哪种模式，在当前的市场环境下，随着整车销售市场竞争的日益加剧，汽车销售的毛利润率逐渐下滑，同时，众多汽车品牌的市场份额也在不断减少。因此，国内的汽车经销商以及汽车生产厂家对汽车售后服务的重视程度正在不断提高，他们认识到优质的售后服务是提升客户满意度、增强品牌忠诚度以及实现可持续发展的重要因素。我们通过本项目的学习认识新能源售后服务的内容、掌握售后维修接待流程、具备服务顾问的能力要求，本项目包含以下两个工作任务：

任务一	认识新能源汽车售后服务
任务二	服务顾问的能力要求

通过完成以上两个工作任务，你能认识到什么是售后服务的内容、接待流程、岗位能力要求等。

任务一
认识新能源汽车售后服务

一 任务描述

客户委托：客户买了一辆新能源汽车，希望得到一站式的、整个车辆生命周期的、愉悦的售后服务体验。

任务描述：向客户讲述售后服务包含哪些重要的内容。

二 行动目的

业务范畴	相关环节	知识
1. 售后服务的内容	厂家服务延伸、配件、维修、美容装潢、道路救援、保险服务	售后服务各环节的意义
2. 售后维修接待流程	服务预约、客户接待、制作工单、派工生产、处理增项、质量控制、结算交车、回访客户	设置接待流程的目的
3. 售后服务团队	团队架构	团队组成

三 行动步骤

1. 经销商在客户与汽车生产厂家之间存在的意义

2. 售后服务包括哪些内容

3. 售后维修接待流程有几个环节，分别是什么

4. 售后服务部由哪些部分组成

_____

_____

_____

_____

四 评价及总结

1. 学生自我评价表

评价项目	评价标准	分值	得分
售后服务的内容	能说出售后服务包括的具体内容（5分/个）	30	
维修接待流程	说出维修接待流程的具体环节	10	
售后服务部	说出售后服务部的组成部分	10	
仪容仪表	着装得体、头发干净、符合礼仪要求、精神饱满、面带笑容	10	
工作态度	态度端正、未出现无故迟到、早退、旷课现象	10	
工作质量	能按工作页要求完成工作任务	10	
职业素养	能做到礼貌、真诚待客	10	
协调能力	与小组成员、同学之间能合作交流，团队氛围融洽	10	
合计		100	

2. 教师评价表

评价项目		评价标准	分值	得分
考勤（10%）		未出现无故迟到、早退、旷课现象	10	
工作过程（60%）	售后服务的内容	能说出售后服务的具体内容	20	
	维修接待流程	能说出维修接待具体的流程	10	
	仪容仪表	着装得体、头发干净、符合礼仪要求、精神饱满、面带笑容	5	
	工作态度	态度端正、认真、主动	10	
	工作质量	能按工作页要求完成工作任务	5	
	职业素养	精神饱满、礼貌、真诚待客，动作规范麻利、话术流畅	5	
	协调能力	与小组成员、同学之间能合作交流，团队氛围融洽	5	

(续)

评价项目		评价标准	分值	得分
成果展示 （30%）	工作完整	能按时完成任务	5	
	工作规范	能按规范要求完成各个动作	5	
	成果展示	能说出售后服务的具体内容、维修接待流程	20	
合计			100	

五 相关知识点

截至 2024 年年底，全国机动车保有量达 4.53 亿辆，其中汽车 3.53 亿辆，而新能源汽车保有量达 3140 万辆，占汽车总量的 8.90%；其中纯电动汽车保有量 2209 万辆，占新能源汽车保有量的 70.34%。2024 年我国新注册登记新能源汽车 1125 万辆，占新注册登记汽车数量的 41.83%，与 2023 年相比增加 382 万辆，增长 51.49%，从 2019 年的 120 万辆到 2024 年的 1125 万辆，呈高速增长态势。

随着私家车数量的持续攀升，"七分保养，三分修理"的用车理念也逐渐深入人心，进而促进了汽车后市场的发展壮大。汽车后市场涵盖了汽车销售之后的所有服务，包括汽车维修、保养、美容、改装、配件供应、二手车交易、汽车租赁以及汽车拆解报废等，贯穿了汽车整个生命周期的商业活动。

汽车售后服务的内容主要包括厂家服务的延伸、零配件经营、维修服务、美容装潢服务、道路救援服务、保险服务等。

1. 厂家服务的延伸

厂家服务的延伸不限于产品的品质保修，还包括售后服务培训、技术咨询以及信息反馈等。这些服务的提供，旨在确保客户在购买和使用产品过程中能够获得全面的支持和帮助，从而提升客户满意度，增强品牌忠诚度。

（1）品质保修

为了维护消费者权益并促进行业健康发展，我国的"三包法"对多数消费品设定了强制性的三包政策，汽车产品亦不例外。根据我国三包法规定，所有在市场上销售的新车必须提供至少 3 年或 60000km 的质保期。目前，市场上许多汽车品牌提供的质保期均超过了这一法定标准，有的达到 3 年 100000km，有的甚至长达 4 年 100000km。对于传统汽车，发动机和变速器是最关键的部件；而对于新能源汽车，动力电池、电机和电控系统则是核心部分。一旦这些关键部件出现质量问题，生产厂家将提供免费维修服务，必要时甚至更换整个部件。然而，除了这些主要部件，汽车上还有成千上万的其他零件。除了发动机、变速器、动力电池、电机等主要部件，还有所谓的"易损件"。三包法并未对"易损件"的质保期限做出明确规定，因此，汽车生产厂家必须在三包手册中明确标注"易损件"的质保期限。随着社会的进步，国家对产品质量问题的关注度日益提高，因为质量问题往往是导致品牌危机和客户流失的主要原因。因此，汽车生产厂家需要通过经销商、直营店作为与消费者之间沟通的"桥梁",妥善处理车辆质量问题,确保消费者体验和维护汽车品牌形象。

（2）售后服务培训

售后服务培训涵盖技术与非技术两个方面。技术培训的核心目标是确保在车辆使用过程中提供必要的技术支持和专业服务。通过持续培养业务熟练的人员,确保能够向客户提供标准化服务,满足他们的需求;同时增强经销商对客户的维护能力,鼓励客户定期接受售后服务,从而创造口碑传播和重复购买的机会。非技术培训则侧重于建立和提升4S店售后运营的管理体系,确保岗位职责和服务流程在实际工作中得到有效执行和落实。此外,营销类培训也是非技术培训中不可或缺的一部分。

（3）技术咨询

在厂家与经销商之间的技术咨询过程中,主要通过多种方式来实现技术信息的共享和交流。这些方式包括但不限于维修技术的传递、技能的交流以及技术的评估等。通过这些形式,厂家能够将最新的维修技术和专业知识及时地传达给经销商,确保经销商的技术人员能够掌握和应用这些技术。此外,技能的交流也非常重要,它不仅促进了经销商之间的经验分享,还帮助技术人员相互学习,提高解决问题的能力。技术评估则是对经销商技术能力的一种检验,通过评估可以发现存在的问题和不足,进而采取措施进行改进。这些技术咨询活动的最终目的是更精确、高效地解决客户的用车疑虑,确保客户能够得到及时和专业的服务。同时,通过技术咨询,经销商的售后服务效率和管理效率也得到了显著提升,这不仅增强了客户满意度,也为经销商带来了更好的经济效益。

（4）信息反馈

汽车作为一种技术密集型产品,它不仅需要面向大众消费者,而且其研发过程也需要巨额的投资。由于汽车的使用环境复杂多变,如果生产厂家在产品开发过程中缺乏全面且精确的信息反馈,那么新车型在推向市场销售阶段时,或者在维护现有客户关系的过程中,可能会遭遇客户流失的问题。这种客户流失不仅会影响汽车品牌的市场声誉,而且还会给汽车生产厂家带来巨大的投资损失。为了降低这种风险,汽车生产厂家通常会依赖于经销商收集的大量信息。这些信息对于汽车生产厂家来说是宝贵的资源,它们可以帮助汽车生产厂家深入了解客户的技术需求特点以及具体的业务需求。通过详尽的数据分析和评估,汽车生产厂家能够对新车的设计、功能以及销售策略进行精准的调整和优化。这样,新车销售和售后服务就能够更加精准地满足客户的需求,从而有效地维护该汽车品牌的市场竞争力,并确保长期的客户忠诚度。

2. 零配件经营

汽车生产厂家每年会制定相应的商务政策来指引经销商的全年运营管理,其中纯正零配件渗透率和汽车生产厂家零配件采购额任务作为其中非常关键的指标,其目标是为了保证汽车生产厂家零配件销售业务的开展和保障客户的维修服务体验。厂家的零配件供应是售后服务的重要环节,完善的汽车生产厂家零配件供应体系有助于售后服务的有序开展。除了与汽车生产厂家建立完善的零配件供应体系,经销商还需要存在相对独立的汽车零配件经营体系,与各地的汽配城、其他渠道原厂零配件、品牌零配件等进行有效合作，保障零配件供应的灵活性，从而满足不同的客户的需求。

3. 维修服务

新能源汽车维修服务一般包含保养、维修、故障检测等，服务流程需要确保高效的服务步骤，而高效的服务步骤可以实现优质的客户满意度和经销商利润。新能源汽车维修服务接待流程包含以下环节。

（1）服务预约环节

目的在于①管理客户数量以避免拥堵；②分配充足时间以深入了解客户需求；③监控并调度所有可用维修技师的工作时间（工时）；④高效处理临时到访客户和返修客户；⑤均衡工作负载。一个完善的预约系统能够有效地将工作分配至维修车间，并为每位客户安排合适的售后时间，进而提升客户体验。

（2）客户接待环节

接待环节是构建客户、车辆与服务顾问之间联系的关键阶段，它为打造积极的服务体验和加强长期的维系关系奠定了基础。在这一过程中，必须以有序且专业的方式接待客户，以增强客户的信任，并在维修店能力范围内超越客户的售后期望。

（3）维修工单制作环节

制作维修工单的目的是让客户明确了解本次保养或维修涉及的零配件、费用、工时等细节。维修工单一旦客户签字，即具备法律效力。因此，在客户签字前，必须当面详细解释所进行项目的必要性、所需零配件的费用、预计工时以及项目完成的大致时间。只有在客户对这些信息无异议的情况下，才能签字维修。

（4）派工和生产环节

派工和生产环节的目的是计划、控制和监控售后服务部接受服务的车辆。售后服务工作的高效需要人力资源和设施的良好协作，经销商是通过系统来控制和监视维修工单的流转情况，精确地记录保养维修信息和有效的维修过程管理对客户是否满意有重要影响，有效的保养维修信息是实现一次完工的基础。

（5）增项处理环节

在进行车辆的维修和保养过程中，专业的维修技师会仔细地检查车辆的各个部分，以确保一切运行正常。在这个过程中，如果维修技师发现车辆存在异常或潜在的问题，他们有责任及时地将这些发现告知客户。这样做是为了确保客户的知情权和车辆的安全性。一旦问题被指出，维修技师会等待客户的授权，只有在获得明确的同意之后，才会对车辆进行必要的维修或更换部件。这种做法不仅体现了对客户的尊重，也确保了维修工作的透明性和合法性，让客户能够放心地将车辆交由维修技师处理。

（6）质量控制环节

质量控制的核心目标在于确保客户所交付的车辆能够一次性地完成维修工作，并且达到令人满意的质量标准。为了实现这一目标，通常会采取两种主要的策略。首先，需要将质量意识深入人心，确保它贯穿于维修流程的每一个环节和节点，让每一位员工都意识到自己在质量控制中的重要角色和责任。其次，为了进一步保证维修工作的质量，需要在所有维修工作完成之后、车辆交付给客户之前，进行一次彻底的质量控制检查。

这一检查步骤是至关重要的，它能够确保车辆的每一个细节都符合质量标准，从而避免了因质量问题导致的返工或客户不满。

（7）结算交车环节

交车环节的目的是在规定的时间内将车辆交还给客户，保证客户离开时留有正面的印象并对结算交车工作满意。

（8）客户回访环节

维修后对客户回访的目的是保持与客户的紧密联系，确认客户对店内最近一次维修服务的满意度，并在客户满意度方面提供有价值的反馈，为后续的业务开展方案提供参考资料。

4. 美容装潢服务

开展美容装潢服务，不仅保证了经销商售后服务的完整性，而且能够满足不同客户群体的多样化需求。通过提供全面的汽车美容和装潢选项，能够减少客户与其他修理厂接触的机会，从而降低客户流失的风险。此外，这也有助于保障客户能够享受到与众不同的用车体验，进一步提升客户满意度和忠诚度。

5. 道路救援服务

汽车道路救援服务的核心内容涵盖了现场故障诊断、紧急抢修以及拖车服务等，这些服务在客户遭遇车辆问题时显得尤为关键。在这种紧急情况下，客户通常会感到焦虑和无助，他们急需专业的援助来摆脱当前的困境。提供高效专业的道路救援服务，不仅能迅速缓解客户的燃眉之急，还能显著增强客户对经销商的信赖度和满意度。通过此类服务，客户能够体会到经销商的关怀与支持，从而在心理上构建起对该品牌的信任和忠诚。因此，汽车道路救援服务是构建经销商与客户之间长期稳定关系的关键纽带。

6. 保险服务

机动车辆保险，通常被称为汽车保险（简称车险），它是一种商业保险，旨在对机动车辆因遭受自然灾害或发生意外事故而造成的人身伤害或财产损失提供经济赔偿。经销商通过开展车险业务，能够有效地与保险公司建立稳固的合作关系，进而搭建起一个全面的一站式售后服务体系。这样的体系不仅能够与客户建立更加紧密的长久关系，而且还能显著减少客户流失，主要目的是促进维修产值增长，从而为经销商带来更多的经济效益。

售后服务部属于经销商的主要业务部门之一，售后服务团队通常人员较多，工种分类也相对复杂。比较常见的有客服部门、售后前台部门、配件部门、车间部门、美容精品部门。主要工作岗位有服务总监、服务经理、客服主管、前台主管、车间主管、配件主管、培训讲师、质检员、服务顾问、各维修工种的技师等。各分部门岗位的人员编制一般根据进厂台次规模和产值规模设定，汽车生产厂家商务政策考核各部门岗位的人员满足率及认证通过率。在售后的日常运营过程中所有分部门的职能不同，各工种的岗位职责也不同，分工合作、良好的团队精神和团队服务意识能够保障售后服务部门的有序运转。

任务二 服务顾问的能力要求

一 任务描述

客户委托：在我踏入接待区的那一刻，接待人员热情、亲切，让我感到宾至如归，不仅对我的需求及时响应，而且解答疑问专业客观，确保我能够获得满意的服务体验。

任务描述：了解服务顾问的能力要求，岗位职责，为客户提供的具体服务。

二 行动目的

实施步骤	素质	技能	知识
1.服务顾问岗位职责	不断学习和接受信息的热忱，树立热情服务、诚信服务的意识	产品知识和关怀技巧	具体岗位职责
2.为客户提供哪些服务			服务要点
3.技能要求			具体要求
4.素质要求			

三 行动步骤

1. 服务顾问岗位职责

_____

_____

2. 服务顾问能够为客户提供哪些服务

_____

_____

3. 服务顾问技能要求

_____

_____

4. 服务顾问素质要求

四 评价及总结

1. 学生自我评价表

评价项目	评价标准	分值	得分
服务顾问岗位职责	至少说出 10 个岗位职责	30	
服务顾问技能和素质要求	能清楚技能和素质的要点，并能正确表达	30	
工作态度	态度端正、未出现无故迟到、早退、旷课现象	10	
工作质量	能按工作页要求完成工作任务	10	
职业素养	能干脆利落、动作规范、话术流畅地完成环检	10	
协调能力	与小组成员、同学之间能合作交流，团队氛围融洽	10	
	合计	100	

2. 教师评价表

评价项目		评价标准	分值	得分
考勤（10%）		未出现无故迟到、早退、旷课现象	10	
工作过程（60%）	服务顾问岗位职责	能清楚说出至少 10 个岗位职责	10	
	服务顾问技能和素质要求	能清楚技能和素质的要点，并能正确表达	20	
	仪容仪表	着装得体、头发干净、符合礼仪要求、精神饱满、面带笑容	5	
	工作态度	态度端正、认真、主动	10	
	工作质量	能按工作页要求完成工作任务	5	
	职业素养	精神饱满、礼貌、真诚待客，动作规范麻利、话术流畅	5	
	协调能力	与小组成员、同学之间能合作交流，团队氛围融洽	5	
成果展示（30%）	工作完整	能按时完成任务	5	
	工作规范	能按规范要求完成各个动作	5	
	成果展示	说出服务顾问岗位职责和能力要求	20	
		合计	100	

五 相关知识点

1. 服务顾问岗位职责

为了确保经销商能够在客户车辆的整个使用周期内与客户建立并维护一种长期而紧密的关系,从而保持客户对该品牌的忠诚度,经销商必须提供一系列的服务和产品信息,以及满足客户的需求和期望的解决方案。在这个过程中,服务顾问扮演着至关重要的角色。服务顾问是所有汽车维修服务活动中的沟通核心,他们不仅是连接客户与经销商之间的桥梁,更是为客户提供用车帮助的专家。服务顾问对客户的满意度有着直接且长远的影响,因此,他们在经销商中占据着不可或缺的重要地位。

服务顾问的岗位职责主要包括:

1)以服务客户为根本,对工作尽职尽责。
2)热情接待客户,必须使用文明用语,了解客户的需求及期望,为客户提供满意的服务。
3)着装保持专业,待客热情诚恳,谈吐自然大方,保持接待区整齐清洁。
4)熟练掌握汽车知识,评估维修内容,及时准确地对维修车辆报价,估计维修费用或征求相关人员(上级)意见,在得到客户确认后,开出维修工单,并耐心地向客户说明收费项目及其依据。
5)认真接待客户车辆,仔细检查车辆外观、内饰并认真登记,同时提醒客户将车内的重要物品保管好。
6)掌握车间的维修进度,确保完成客户交修项目,按时将状况完好的车辆交付客户,对未能及时交付的车辆应提前与客户沟通,讲清楚原因。
7)严格执行交、接车规范。
8)根据维修需要,在征求客户同意的前提下调整维修项目。
9)协助客户做好车辆的结算工作,热情服务,提高客户的满意度。
10)善于与客户沟通,全方位地引导客户对车辆维修保养的正确认识。
11)定期向客户进行回访,征求客户的意见,考察客户的满意度,并根据相应项目做好记录。
12)处理好客户的投诉,根据实际情况认真耐心地做好解释,最大限度地降低客户的投诉。
13)认真检查核对车辆及送修人的相关信息,及时准确地完成系统录入。
14)认真听取、记录和解决客户提出的建议、意见和投诉,并及时向上级主管汇报情况。
15)宣传本企业,推荐新技术、新产品,解答客户提出的相关问题。

2. 服务顾问能提供的服务

服务顾问在与客户的互动中扮演着至关重要的角色,他们不仅能够为客户提供一系列的服务,还能够通过专业的指导和建议,帮助客户更好地了解和使用车辆。这些服务包括但不限于:为客户提供明确的指引,帮助他们在需要的时候找到正确的解决方向；提供专业的咨询服务，涵盖用车、养车、修车等方面，在客户考虑购车时，提供购车咨询；展现标准的职业服务礼仪，确保客户在每一次接触中都能感受到尊重和专业；根据客户的具体需求，量身定制个性化的售后服务方案；积极解决客户在使用车辆过程中遇到的各种疑问，从而提升客户的满意度；收集并反馈服务过程中的相关信息，以及客户对我们服务的意见或建议，以便不断改进和提升服务质量；最后，服务顾问还致力于搭建和维护经销商与客户之间的关系，确保双方沟通顺畅，增进理解和信任。

3. 服务顾问技能要求

服务顾问的技能要求是掌握扎实的产品知识，具体来说，服务顾问不仅要为客户提供服务，而且更重要的是要成为客户的顾问。在这个角色中，我们要尊重自己的职业，因为客户是否尊重我们，关键在于我们是否具备足够的专业知识。这些专业知识包括但不限于：基础的汽车知识，例如汽车构造和工作原理；零配件的名称和操作方法，以便于客户了解如何正确使用和维护；新车的特性和工作原理，帮助客户理解他们所购买的车辆；了解主要附件和基本功能的操作，确保客户能够充分体验车辆的功能；明确保修政策以及各项操作步骤，让客户明白在车辆出现问题时可以享受到哪些服务；明确车险条款，以便客户在发生事故时能够得到相应的赔偿；确保客户在使用车辆时遵守相关的法律法规，提醒客户安全驾驶，避免出现违法行为。

4. 服务顾问素质要求

服务顾问在职业素质方面，首先需要具备的是能够熟练运用各种关怀技巧，这包括了能够与具有不同需求和个性的客户进行有效的交流，并且能够建立起良好的关系。其次，服务顾问还应展现出良好的举止和礼仪，这不仅能够给客户留下深刻的印象，也是专业服务态度的体现。在沟通方面，服务顾问应具备优秀的沟通能力，包括认真的倾听和清晰的语言表达能力。通过有效地询问，服务顾问能够准确地确定客户的需求和期望，从而提供更加个性化的服务。再者，书面表达能力也是服务顾问必须具备的技能之一，它能够帮助服务顾问在记录、报告和沟通中清晰准确地传达信息。接着，基本的计算机操作技能对于现代服务顾问来说是不可或缺的，它能够帮助服务顾问更高效地完成工作任务。然后，在处理客户投诉方面，服务顾问应具备通过电话或者面对面处理投诉的能力，以确保客户的问题能够得到及时和妥善地解决。最后，优秀的产品营销能力也是服务顾问必须具备的素质之一，它能够帮助服务顾问更好地推广产品，满足客户的需求，同时也能为公司带来更多的业务机会。

作为一名优秀的服务顾问，不仅需要具备出色的个人能力，还必须展现出主动的团队服务意识。这意味着能够有效地促进团队成员之间的合作，与各个部门建立并保持一种积极向上的互动关系。在工作中，应全力投入，以满腔的热情和激情去迎接每一个任务，即使在面对困难和紧张的工作环境时，也能够保持冷静的头脑和客观的态度。此外，优秀的服务顾问还应具备强大的抗压能力，能够将各种任务视为挑战，面对挫折时能够展现出高度的承受力和适应性。在不断变化的工作环境中，持续学习和吸收新信息是必不可少的，因此，服务顾问应具备对新知识的渴望和对现有知识不断地更新能力。

最为关键的是，服务顾问必须具备极强的客户服务意识，始终重视并遵守与客户之间的协议和承诺，确保客户满意度和忠诚度。

拓展阅读

案例：

车主李先生驾驶着他的 SUV 来到某品牌 4S 店进行常规保养，他已经是这家 4S 店的老客户了，虽然平时重视对车辆保养，但由于工作繁忙，常常无法及时到店进行保养。这次，李先生的车辆已经行驶了近 20000km，仪表盘上的保养提示灯已经亮起，他不得不抽出时间来 4S 店进行常规保养。

接待李先生的是一位经验丰富的服务顾问小王。小王在了解李先生的来店需求后，迅速为车辆安排了保养工位，并详细询问了李先生近期的用车情况。李先生提到，最近车辆在行驶过程中偶尔会出现轻微的异响，尤其是在颠簸路面时更为明显。虽然声音不大，但他还是感到有些不安。

小王认真记录了李先生的问题，并立即与维修技师进行了沟通。维修技师在检查车辆时，不仅按照常规保养流程更换了机油、机油滤清器等，还对车辆的底盘进行了全面检查。经过仔细排查，维修技师发现车辆的右前悬架衬套出现了轻微磨损，这可能是导致异响的原因。维修技师立即将这一情况反馈给小王，小王随后与李先生进行了沟通，详细解释了问题的原因，并建议更换衬套以确保行车安全。

李先生对 4S 店的专业服务表示非常满意，尤其是对维修技师能够及时发现潜在的隐患问题并给出解决方案而感到安心。他同意了更换衬套的建议，并对小王和维修技师的细致工作表示感谢。

在车辆保养和维修完成后，小王还主动为李先生提供了免费的车辆清洗服务，并详细讲解了日常用车中的一些注意事项，如定期检查轮胎气压、避免长时间怠速等。李先生对 4S 店的服务态度和专业水平赞不绝口，表示今后会继续选择这家 4S 店进行车辆保养和修理。

几天后，小王主动致电李先生，询问车辆的使用情况。李先生表示，异响问题已经完全解决，车辆行驶起来更加平稳，他对 4S 店的服务非常满意，并愿意向身边的朋友推荐这家 4S 店。

案例解析：

在这个案例中，充分展示了 4S 店在服务过程中如何通过专业性、细致沟通和增值服务来提升客户满意度，并最终实现客户忠诚度的提升。

4S 店的服务顾问和维修技师展现了高度的专业性，不仅完成了常规保养，还主动发现并解决了潜在问题，并及时与客户沟通，详细解释了问题原因和解决方案，赢得了客户的信任，确保了车辆的安全性和驾驶体验。4S 店在完成保养后，提供了免费的车辆清洗服务，并通过电话回访进一步提升了客户的满意度，增强了客户的忠诚度。通过优质的服务和合适的关怀，4S 店不仅解决了客户当前的问题，还建立了长期的服务关系，提升了品牌口碑。

项目三

服务预约

项目描述

服务预约是整个新能源汽车售后服务流程的起始环节,它扮演着至关重要的角色。通过有效的服务预约,不仅可以简化后期服务的工作量,还能确保整个服务过程井然有序,因此,在日常工作中,我们应当对客户预约给予高度的重视。本项目主要学习解释预约,执行主动预约、被动预约、预约确认,本项目包含以下四个工作任务:

任务一	解释预约
任务二	执行主动预约
任务三	执行被动预约
任务四	执行预约确认

通过完成以上四个工作任务,你能够向客户解释预约的分类、预约的好处,并能按照流程执行主动预约、被动预约、预约确认。

任务一
解释预约

一 任务描述

客户委托：解释维修保养预约服务的好处。

任务描述：李先生这几天感觉他的增程式电动汽车出现了底盘异响问题,于是他把车开到品牌4S店,临近年底,到店维修保养的车辆非常多,等了十几分钟才有人接待他,然后又等了半天才开好维修工单,服务顾问告诉他因为没有预约,再有半个小时才能给他的车辆进行检修,什么时候能修好也不能确定。其间,总有人打电话找李先生,李先生显得有点不耐烦,决定暂时不修了,一连几天,他都开着这辆底盘异响的车办事,心情不是很好。

如果李先生是你的客户,你该如何向李先生解释维修保养预约服务的好处,如何提升客户的满意度?

二 行动目的

实施步骤	素质	技能	知识
1. 预约的概念	秉承客户至上的服务理念,具备良好的沟通技巧及服务礼仪	能从客户角度,通俗易懂地向客户介绍预约的好处	预约含义
2. 预约的分类			预约类别
3. 预约的途径			预约方式
4. 向客户解释预约的好处			对客户、对企业的好处

三 行动步骤

1. 想象并描述无预约的车辆进厂场景

客户：_____

_____

前台：_____

_____

车间：_____

_____

2. 想象并描述有预约的车辆进厂场景

客户：_____

_____

前台：_____

_____

车间：_____

_____

3. 预约的概念

_____

4. 预约的分类

预约分为主动预约和被动预约，企业给客户打电话属于_____；客户打电话给企业属于_____。

5. 预约的途径

_____

6. 预约的好处

客户：_____

_____

企业：_____

_____

四 评价及总结

1. 学生自我评价表

评价项目	评价标准	分值	得分
预约的概念	能理解预约的概念	10	
预约的分类	能说出预约的类型	15	
预约途径	能说出预约的途径	15	
向客户解释预约的好处	能向客户解释预约带来的好处	20	
工作态度	态度端正、未出现无故迟到、早退、旷课现象	10	
工作质量	能按工作页要求完成工作任务	10	
职业素养	能做到礼貌、真诚待客，话术流畅	10	
协调能力	与小组成员、同学之间能合作交流，团队氛围融洽	10	
合计		100	

2. 教师评价表

评价项目		评价标准	分值	得分
考勤（10%）		未出现无故迟到、早退、旷课现象	10	
工作过程（60%）	预约的概念及分类	能理解预约的概念及类型	10	
	预约途径	能说出预约的途径	15	
	向客户解释预约的好处	能向客户解释预约带来的好处	15	
	工作态度	态度端正、认真、主动	5	
	工作质量	能按工作页要求完成工作任务	5	
	职业素养	精神饱满、礼貌、真诚待客，动作规范麻利、话术流畅	5	
	协调能力	与小组成员、同学之间能合作交流，团队氛围融洽	5	
成果展示（30%）	工作完整	能按时完成任务	5	
	工作规范	能按规范要求完成各个动作	5	
	成果展示	能区分预约类型，并能给客户解释预约的好处	20	
合计			100	

五 相关知识点

汽车维修企业非常重视预约工作，一般设置有预约专员或者客服人员专门负责预约业务或者由服务顾问兼任，有专门独立的预约热线，并且在4S店内明显的位置张贴有预约的宣传广告，为了欢迎客户的预约，设置如接待区、休息区等。

1. 预约的概念

汽车维修服务预约是指维修企业接受客户提出的预约请求，处理客户的服务需求及确定接受服务的具体时间；或者维修企业根据基于客户管理档案的基本信息，主动向客户提供定期维护保养提醒及预约等服务。这种预约服务不仅包括对客户车辆进行常规检查和维修，还可能涉及对车辆进行深度保养、更换零部件、进行性能调校等更全面的服务项目。

通过预约服务，维修企业能够提前规划资源和人员安排，有助于提高工作效率，同时也能为客户提供更加便捷和高效的服务体验，确保客户在期望的时间内得到满意的服务。

2. 预约的分类

预约服务在汽车维修行业中扮演着至关重要的角色，它主要可以分为两大类：主动预约和被动预约。

（1）主动预约

主动预约，也被称作客户招揽，是一种由汽车维修服务企业发起的预约方式。企业会利用其基本客户管理档案，主动出击，与客户建立联系。通过这种联系，企业能够了解客户的车辆使用情况，并基于此为客户量身定制一套全面的维修保养计划。随后，企业会邀请客户按照计划进行维修保养，并最终与客户达成预约。在主动预约的过程中，企业常常会提醒客户关于新车首次保养、定期保养、不同季节的免费或优惠活动以及厂家召回活动等重要信息，这些都是客户招揽的重要内容。

（2）被动预约

与主动预约相对的是被动预约，这种预约方式是由客户发起的。当客户在使用车辆过程中发现车辆出现故障，或者基于自身对车辆使用情况的了解，意识到需要进行保养时，客户会主动联系4S店，通过电话预约的方式，希望能够在自己方便的时间进行车辆的保养。这样做的目的是避免在进厂维修时排队等候，从而节省时间。为了能够及时且专业地回答客户可能提出的技术性问题，通常预约热线电话会被放置在服务前台，确保客户的需求能够快速得到响应。

无论是主动预约，还是被动预约，汽车维修服务企业都应当针对客户的具体需求，做好充分的准备工作。通过有效的维修保养预约，企业不仅能够提升服务质量，还能提高服务效率，最终实现企业与客户的双赢。

3. 预约的途径

客户可以通过现场预约、电话预约、网络预约等方式进行，不管何种途径，一般都需要提前24h预约。

4. 预约的好处

预约对客户而言，好处显而易见：

1）能够合理安排自己的时间，确保客户能够按照事先约定的时间顺利进厂，从而立即得到接待，能够有效减少客户的排队等候时间，提升客户体验。

2）客户可以提前告知企业自己所需的保养内容，这样企业便能够提前做好相应的准备工作，包括备齐所需的零配件，从而避免客户进厂后因零配件缺货而造成时间延误，确保保养维修工作的顺利进行。

3）客户能够提前了解保养维修所需的各服务项目以及相应的费用，这样在进行消费时能够做到心中有数，明白自己的每一笔支出，以确保消费的透明度和合理性。

4）客户在享受企业提供的服务时，还可以享受到一定的折扣优惠，例如工时费用的打折优惠，或者在某些情况下，企业还会赠送一些小礼品作为对客户的感谢和回馈，增加客户满意度。

预约对企业而言，意义更加重大，好处主要有：

1）可以做到削峰填谷，能够有效地合理分配4S店的资源和工作量。根据事先制定的计划，提前准备好所需的零配件，这样可以显著减少库存积压，通过提高资源的利用率和作业效率为企业带来更大的收益。

2）通过提供更优质的服务，不仅能够提高客户的满意度，还能够培养客户的忠诚度。当客户对服务感到满意时，他们更有可能成为回头客，并且可能会向其他潜在客户推荐该汽车品牌，从而有助于提升该汽车品牌的整体形象。

3）服务顾问需要合理安排客户的接待时间，确保能够高效地完成工作，从而提高工作效率。通过与客户建立良好的沟通和信任关系，服务顾问可以成为客户的知心朋友，这样不仅能够提升客户体验，还能够促进长期的客户关系维护。

正是因为预约制度能够实现客户与企业之间的利益最大化，所以企业应当更加规范化地执行预约流程，从而提升汽车行业的整体服务能力。企业需要真正贯彻以客户为中心的服务理念，确保预约服务能够为客户提供最大的便利和满意度。

每当一个客户成功预约后，服务顾问都应当积极协调各部门做好充分的准备工作。这包括与零配件部门确认零配件的库存情况，确保所需零配件能够及时供应；同时，服务顾问还需要与维修技师沟通，确认工位的预留情况，以避免维修保养时出现等待或延误。服务顾问在客户进厂之前，应提前打印任务委托书，并迅速做好派工工作，确保整个维修保养过程能够如期进行，从而保证后续作业和交车的效率。通过这样的细致安排，能够真正体现预约制度带给客户的好处，进而显著提升客户的满意度。

任务二
执行主动预约

一 任务描述

客户委托：服务顾问主动打电话给客户，告知车辆该进行定期保养了。

任务描述：服务顾问小刘通过店内系统查询，发现客户张先生距上次来店为他的插电式混合动力汽车做保养已经过了 12 个月，预计至今又行驶了 30000km，于是致电张先生，提醒张先生于近期来店对车辆进行保养。

二 行动目的

实施步骤	素质	技能	知识
1. 准备工作	秉承客户至上的服务理念，具备良好的沟通技巧及服务礼仪	能从客户角度出发提醒客户做保养	物品、礼仪
2. 致电客户			主动预约流程执行要点
3. 填写预约看板			预约看板填写要求

三 行动步骤

1. 简述打电话前要做好的准备工作

1）客户档案。汽车经销商管理系统（DMS）中包含的客户信息：_____
_____
2）预约登记表：_____
3）礼仪：_____
4）时间选择：_____

2. 致电客户，把话术写出来

1）自报家门，确认对方信息。自报家门包含哪些信息？
_____
_____

2）说明来意，询问是否方便接听。
_____
_____

3）了解客户车辆情况。

4）告知定期保养的意义。

5）告知保养的内容、价格、所需时长。

6）询问客户预约的时间,并说明预约的有效时间。

7）总结预约内容,包括预约时间、保养内容、价格、交车时间、客户的需求等,并提醒客户带上行驶证等资料。

8）确认提前1h提醒方式。

9）礼貌询问客户是否还有其他需求,礼貌结束通话。

3. 填写预约看板

序号	姓名	车牌号码	预约时间	服务顾问	……
× 店欢迎您的预约					
1					
2					
3					
……					

尊敬的预约客户,您好!

　　欢迎您预约回厂,为了保障您的权益和节省您的时间,我们将会为您保留专属工位30min,请您在预约时间前后15min到达维修接待处。否则将无法享受预约服务带给您的各种专属服务,敬请谅解!

预约热线:88888888

四 评价及总结

1. 学生自我评价表

评价项目	评价标准	分值	得分
主动预约准备工作	能说明拨打预约电话前的准备工作	10	
致电客户	能设计出主动预约话术，并掌握接打电话的技巧，可以根据客户的信息及4S店工作情况完成预约工作	35	
填写预约看板	能够顺利完成主动预约并准确填写维修预约登记表	15	
工作态度	态度端正、未出现无故迟到、早退、旷课现象	10	
工作质量	能按工作页要求完成工作任务	10	
职业素养	能做到礼貌、精神饱满、音量适中、具有亲和力、真诚待客、话术流畅	10	
协调能力	与小组成员、同学之间能合作交流，团队氛围融洽	10	
合计		100	

2. 教师评价表

评价项目		评价标准	分值	得分
考勤（10%）		未出现无故迟到、早退、旷课现象	10	
工作过程（60%）	主动预约准备工作	能说明拨打预约电话前的准备工作	10	
	致电客户	能设计出主动预约话术，并掌握接打电话的技巧，可以根据客户的信息及4S店工作情况完成预约工作	15	
	填写预约看板	能够顺利完成主动预约并准确填写维修预约登记表，掌握电话记录的技巧	15	
	工作态度	态度端正、认真、主动	5	
	工作质量	能按工作页要求完成工作任务	5	
	职业素养	精神饱满、礼貌、真诚待客，动作规范麻利、话术流畅	5	
	协调能力	与小组成员、同学之间能合作交流，团队氛围融洽	5	
成果展示（30%）	工作完整	能按时完成任务	5	
	工作规范	能按规范要求完成各个动作	5	
	成果展示	能主动预约客户到店保养	20	
合计			100	

五 相关知识点

通过定期地对客户进行保养提醒，以及提供关于车辆的各类知识讲解，企业能够有效地开展一系列的活动，这些活动不仅有助于维护和巩固现有的客户基础，而且对于保持企业的稳定产值来源具有至关重要的作用。因此，企业必须重视并做好主动预约工作，确保客户能够及时得到服务，同时也能保证企业服务的连续性和效率。

1. 准备工作

在进行电话招揽客户的过程中，无论是预约专员还是服务顾问，都应当调整好自己的精神面貌，以一种充满活力和热情的态度在电话中传递信息，这可以有效地提升企业的形象。首先，需要在 DMS 中调取客户的相关信息，包括客户的姓名、联系电话、车牌号码以及客户上次进行保养的时间和项目。在进行这些准备工作的同时，也要做好时间规划，确保打电话的时候能够考虑到当地的作息习惯，避免在不恰当的时间，如过早、过晚、中午休息时间或下班时间进行电话联系，因为这些时段可能会引起客户的反感，从而导致他们拒绝接听电话。

2. 致电客户

（1）自报家门

当电话接通的那一刻，服务顾问应当迅速而礼貌地介绍自己，包括明确地告知对方自己所在的公司名称、所担任的岗位以及个人的姓名等重要信息。在完成自我介绍之后，紧接着要对客户的身份进行确认，确保对方是正确的联系人。一旦确认无误，服务顾问应该立刻简要说明来电的目的，并且在进行交流之前，先礼貌地询问客户是否方便接听电话，以确保客户有足够的时间和注意力来处理这次通话。

（2）关怀客户

服务顾问在与客户交流的过程中，应当积极主动地询问客户车辆的当前行驶状况，包括但不限于车辆的里程数以及是否在操作过程中遇到了疑问或困难。特别是对于那些刚刚完成首次保养的车辆，客户可能会对一些操作功能区域感到陌生或不熟悉。通过及时地询问和指导，服务顾问可以确保客户能够充分理解和掌握这些功能，从而感受到来自 4S 店的关怀和专业服务。对于那些定期接受保养的车辆，服务顾问同样需要展现出对客户的关怀，回顾并询问客户上一次保养或维修的情况，确保客户对服务过程感到满意。在客户提出问题时，服务顾问应提供专业的回答。如果遇到无法立即回答的问题，服务顾问应诚实地告知客户，将会咨询相关领域的专家或技术人员，并承诺会在最短的时间内给予客户明确的回复。这样做可以避免给客户留下不专业的印象，从而有助于维护和增强客户对 4S 店的信任度。

（3）说明保养或维修内容事项

当客户选择进 4S 店进行车辆的维护和保养时，他们常常会感到担忧，担心费用的不透明性，担心 4S 店可能会收取不合理的费用，或者在没有必要的时候更换某些零配件。此外，他们还担心保养过程可能会耗费过长的时间，从而影响到他们后续的安排和计划。为了彻底消除客户的这些疑虑和担忧，服务顾问在与客户进行电话沟通时，应该采取主动的态度，详细地向客户说明本次保养或维修过程中将会更换哪些零部件，更换这些零部件的具体原因，以及这些服务的相应价格和预估所需的时间。通过这样的方式，客户可以对整个保养或维修过程有一个清晰的了解和预期。然而，对于客户所反映的故障现象，由于在尚未进行实际检查之前，故障的具体原因和需要更换的零配件以及相关费用还无法确定，因此服务顾问需要向客户说明，只有在实际检查后，如果确实需要换件产生额外费用，在经过客户的允许后才会进行操作，消除客户的疑虑。

（4）总结预约内容

在客户确认并接受预约之后，服务顾问有责任对本次预约的详细内容进行一个全面的总结和回顾，确保客户对即将进行的服务有清晰地了解。这包括预约的确切时间点，将要进行的保养项目，服务的费用以及预计的服务时长。此外，服务顾问还应当关注客户在预约过程中提出的具体需求，确保这些需求得到妥善地记录和满足。为了使保养过程更加顺畅，服务顾问需要提醒客户在保养当天携带与车辆相关的文件。如果保养内容涉及车辆的保修范围，服务顾问还应特别提醒客户带上保修手册，以便在保养过程中能够及时查阅保修条款，确保保修权益得到充分地保护。

（5）确认提醒方式

如客户预约的时间距离打电话当日间隔三天以上，需提前一天确认和提前 1h 提醒，确保客户能按既定时间进 4S 店维修保养；如有变更，及时在系统更改。在预约时间点的前 1h，服务顾问也要提醒客户，所以在电话中要提前确认客户到时候是希望电话提醒还是短信提醒。

3. 填写预约看板

服务顾问根据登记好的预约登记表及时在预约系统中录入客户的预约内容，并于客户到来前打印出维修合同。预约专员会在每一天下班前将第二天所有的预约客户信息打印出来，并填写到预约看板。

任务三
执行被动预约

一 任务描述

客户委托：混合动力汽车已行驶至 30000km，需要打电话预约常规保养。

任务描述：客户李女士想通过电话预约，对自己的汽车进行 30000km 的常规保养。她致电 4S 店，作为服务顾问的你礼貌接听李女士的来电，并为李女士进行车辆保养预约登记。

二 行动目的

实施步骤	素质	技能	知识
1.准备工作	秉承客户至上的服务理念，具备良好的沟通技巧及服务礼仪	能利用礼仪规范接听客户电话，记录客户信息，并给予专业保养建议，帮客户完成预约	物品、礼仪
2.接听电话			被动预约流程执行要点
3.填写预约看板			预约看板填写要求

三 行动步骤

1. 想象维修接待前台电话铃响时的场景

_____
_____
_____
_____
_____

2. 如服务顾问手上有工作应停下，并于_____声内接听电话

3. 绘制接听电话流程图

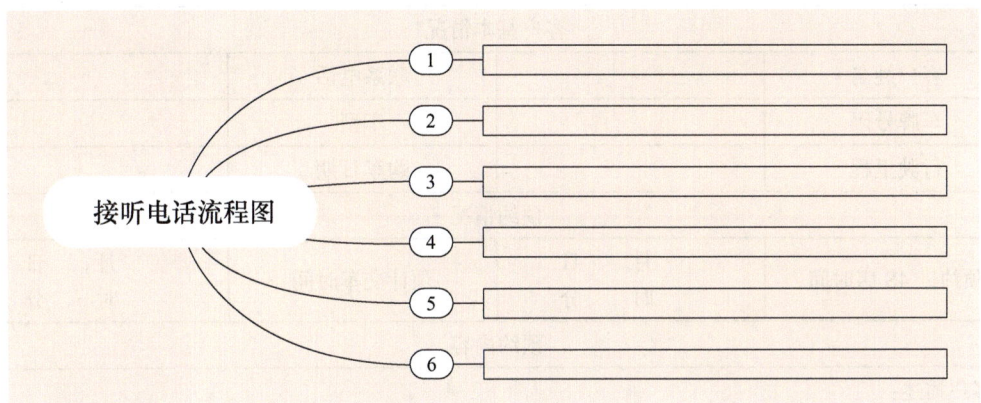

4. 接听电话，服务顾问需要记录客户的哪些信息

_____
_____
_____
_____
_____
_____

5. 常规 30000km 保养需要更换的零配件有哪些，大概需要多少时间

纯电动汽车：_____
_____
_____

混合动力汽车：_____
_____
_____

增程式电动汽车：_____
_____
_____

6. 接听客户电话并填写预约登记表

<table>
<tr><td colspan="5" align="center">预约登记表</td></tr>
<tr><td>× 店</td><td colspan="2">服务顾问：_____</td><td colspan="2">____年____月____日</td></tr>
<tr><td colspan="5" align="center">客户基本情况</td></tr>
<tr><td>客户姓名</td><td></td><td>联系电话</td><td colspan="2"></td></tr>
<tr><td>车牌号码</td><td></td><td>车型</td><td colspan="2"></td></tr>
<tr><td>行驶里程</td><td></td><td>购车日期</td><td colspan="2"></td></tr>
<tr><td colspan="5" align="center">预约情况</td></tr>
<tr><td>预约进4S店时间</td><td>月 日
时 分</td><td>预计交车时间</td><td colspan="2">月 日
时 分</td></tr>
<tr><td colspan="5" align="center">预约内容</td></tr>
<tr><td colspan="5">客户描述：</td></tr>
<tr><td>维修项目</td><td>工时费用</td><td colspan="2">零配件名称</td><td>零配件价格</td></tr>
<tr><td></td><td></td><td colspan="2"></td><td></td></tr>
<tr><td></td><td></td><td colspan="2"></td><td></td></tr>
<tr><td>预估费用</td><td colspan="4"></td></tr>
<tr><td colspan="5">客户其他要求：</td></tr>
<tr><td colspan="5">备注：</td></tr>
</table>

7. 填写预约看板

×店欢迎您的预约					
序号	姓名	车牌号码	预约时间	服务顾问	……
1					
2					
3					
……					

尊敬的预约客户,您好!

  欢迎您预约回 4S 店,为了保障您的权益和节省您的时间,我们将会为您保留专属工位 30min,请您在预约时间前后 15min 到达维修接待处。否则将无法享受预约服务带给您的各种专属服务,敬请谅解!

预约热线:88888888

四 评价及总结

1. 学生自我评价表

评价项目	评价标准	分值	得分
被动预约准备工作	能说明接听预约电话前的准备工作	10	
接听电话	能够向客户说明 30000km 保养的内容、并按照预约工作流程运用流畅的话术回应客户	35	
填写预约看板	能够顺利完成被动预约并准确填写维修预约登记表,掌握电话记录的技巧	15	
工作态度	态度端正、未出现无故迟到、早退、旷课现象	10	
工作质量	能按工作页要求完成工作任务	10	
职业素养	能做到礼貌、精神饱满、音量适中、具有亲和力、真诚待客、话术流畅	10	
协调能力	与小组成员、同学之间能合作交流,团队氛围融洽	10	
合计		100	

2. 教师评价表

评价项目		评价标准	分值	得分
考勤(10%)		未出现无故迟到、早退、旷课现象	10	
工作过程(60%)	被动预约准备工作	能独立完成预约准备工作	10	

（续）

评价项目		评价标准	分值	得分
工作过程（60%）	接听电话	能根据预约登记表接听客户电话，向客户说明30000km保养的内容、并按照预约工作流程运用流畅的话术回应客户	15	
	填写预约看板	能够顺利完成被动预约并准确填写维修预约登记表，掌握电话记录的技巧	15	
	工作态度	态度端正、认真、主动	5	
	工作质量	能按工作页要求完成工作任务	5	
	职业素养	精神饱满、礼貌、真诚待客，动作规范麻利、话术流畅	5	
	协调能力	与小组成员、同学之间能合作交流，团队氛围融洽	5	
成果展示（30%）	工作完整	能按时完成任务	5	
	工作规范	能按规范要求完成各个动作	5	
	成果展示	能根据预约登记表接听客户电话	20	
合计			100	

五、相关知识点

服务顾问或者预约专员应熟练掌握预约流程，在接听客户电话时做到应对自如，具体流程操作要点如下。

1. 准备工作

预约电话铃声响起时，服务顾问或者预约专员应第一时间停下手上的工作，迅速调整好精神状态，3声之内（彩铃10s之内）热情主动地接听电话。

2. 接听电话

1）首先要自报家门，说出公司名称、岗位名称、自己姓名，并询问客户需求。

2）了解客户信息和车辆信息并记录在预约登记表上，信息主要包括客户姓名、联系电话、车牌号码、车型、行驶里程、购车日期等，特别是对于首保的客户和质保期内的保修，要想得到免费的首保或保修，时间和里程数都不能超过厂家规定的数值，否则会造成厂家拒赔，因此一定要记录清楚。

3）确认客户的预约时间。应尽量满足客户的需求，如客户提出的时间是在进4S店高峰期，为了让企业资源得到合理应用和分配，可以引导客户选择低谷时间。如果是返修的客户，应满足客户的第一时间要求，尽快安排返修。

4）关心客户的车辆使用情况。服务顾问应该站在客户的立场，如询问客户除了常规的保养还有没有需要重点检查的地方，增加客户的好感度，同时也可以挖掘更多的客户需求，增加提高产值的机会。整个过程要做到积极的倾听和适当的提问引导，不随意打断客户说话，即使当客户有抱怨情绪时，也要认同客户的情感，理解和尊重客户的想法，绝对不能出现与客户争执的现象，这样才能达到比较好的沟通目的。

5）客户的保养项目、维修项目报价要求。要做到透明、真实，避免引起客户的疑虑，如出现暂时无法判断是否产生更换项目时，也要跟客户说清楚进4S店后由维修技师检查后才能确定是否产生费用。千万不能出现以低价引诱客户进场，然后又出现不必要的项目费用，这容易造成客户反感而引发投诉。同时还要告知客户本次项目的预计时长，以便客户安排时间。

6）确认预约信息。及时向客户总结确认，以便让客户清楚项目内容、价格、时长等，让客户安心。同时还要提醒客户带上相应的资料，如智能钥匙、行驶证、保修手册等。

3. 填写预约看板

最后把本次客户的预约信息录入预约系统，在客户到来时提前打印维修工单，以便及时进行派工。同时在预约看板上写上客户信息，如果是返修客户、抱怨客户，紧急情况等应予以标注。

如客户预约的时间离打电话当日间隔三天以上，需提前一天确认和提前1h提醒，确保客户能按既定时间进厂维修保养；如有变更，应及时在系统更改。在预约时间点的前1h，服务顾问也要提醒客户，所以在电话中要确认客户到时候是希望电话提醒还是短信提醒。

任务四
执行预约确认

一 任务描述

客户委托：纯电动汽车已行驶至 10000km，在 App 上预约了常规保养。
任务描述：请根据后台看到的车辆预约信息，致电客户确认预约情况。

二 行动目的

实施步骤	素质	技能	知识
1. 准备工作	秉承客户至上的服务理念，具备良好的沟通技巧及服务礼仪	能利用礼仪规范致电客户，与客户确认信息	物品、礼仪
2. 致电客户			预约确认要点
3. 填写预约看板			预约看板填写要求

三 行动步骤

1. 客户对于预约有什么样的期盼

2. 什么时间段致电客户比较合适

3. 致电客户前的准备有哪些

4. 致电客户主要与客户确认什么信息

四 评价及总结

1. 学生自我评价表

评价项目	评价标准	分值	得分
预约确认准备工作	能说明接听预约确认前的准备工作	10	
致电客户	能够向客户说明10000km保养的内容、并按照预约工作流程，运用流畅话术回应客户	15	
确认预约信息	能够顺利完成被动预约并准确填写预约登记表，掌握电话记录的技巧	35	
工作态度	态度端正、未出现无故迟到、早退、旷课现象	10	
工作质量	能按工作页要求完成工作任务	10	
职业素养	能做到礼貌、精神饱满、音量适中、具有亲和力、真诚待客、话术流畅	10	
协调能力	与小组成员、同学之间能合作交流，团队氛围融洽	10	
合计		100	

2. 教师评价表

评价项目		评价标准	分值	得分
考勤（10%）		未出现无故迟到、早退、旷课现象	10	
工作过程（60%）	预约确认准备工作	能独立完成预约准备工作	10	
	致电客户	能根据预约登记表接听客户电话，向客户说明10000km保养的内容、并按照预约工作流程，运用流畅话术回应客户	15	
	确认预约信息	能够顺利完成被动预约并准确填写预约登记表、掌握电话记录的技巧	15	
	工作态度	态度端正、认真、主动	5	
	工作质量	能按工作页要求完成工作任务	5	
	职业素养	精神饱满、礼貌、真诚待客，动作规范麻利、话术流畅	5	
	协调能力	与小组成员、同学之间能合作交流，团队氛围融洽	5	
成果展示（30%）	工作完整	能按时完成任务	5	
	工作规范	能按规范要求完成各个动作	5	
	成果展示	能根据预约登记表接听客户电话	20	
合计			100	

五　相关知识点

现在汽车品牌都有手机 App，上面有许多服务功能，如常见的保养预约，当客户用 App 进行预约后，4S 店在后台就会看到客户的预约信息，需要服务顾问致电客户确认其关键预约信息，以方便为客户做好相关零配件的准备工作。

致电前，服务顾问需要在系统内查看客户的预约单，确认客户预约信息和客户描述，比如客户出现了什么问题，希望在保养过程中一并解决。查看信息之后服务顾问还需要查看零配件库存是否充足，部分维修项目可能需要提前两三天去预订零配件。

做好一切准备工作后再致电客户，致电时注意保持心情愉悦、精神饱满，避免将不良的情绪带给客户，虽然电话中客户看不见你，但是可以通过你的声音感受到你的心情。致电客户一般选择上午 10:00—11:00、下午 3:00—4:00，并且要尊重当地的作息时间，有些地区中午不休息，有些地区中午休息，所以一般尽量避免中午打扰客户。

第一步要做的是礼貌地打招呼，并且自报家门，确认对方身份。我是 × 服务中心的服务顾问 ×，请问您是 × 车主 × 先生（女士）吗？在进行下一步之前，服务顾问需要先说明来意，并询问客户是否方便接听电话。只有在客户表示时间方便之后，服务顾问才能继续进行预约信息的确认。先针对客户预约的项目和时间进行详细的确认，确保客户了解该项目主要更换的零配件以及相关的费用，包括零配件的价格、工时费、总费用以及预计的时长，确保客户对这些信息没有异议。此外，还需要确认客户是选择自驾到店还是需要提供取送车服务，以便我们更好地安排后续的服务流程。最后需要对沟通的核心信息内容进行复述，同时询问客户是否还有其他问题补充，如果没有，需要向客户表达感谢，并强调会按照预约的时间准时为客户提供服务。同时，为了保证服务的顺利进行，需要提醒客户带上必要的物品，如智能钥匙，这样可以避免在服务过程中出现不必要的麻烦。在结束通话之前，需要感谢客户的接听，祝客户生活愉快，这也是对客户的一种基本的关怀和尊重。通过这样的预约确认沟通流程，不仅能够确保服务的准确性和高效性，还能够提升客户的满意度和忠诚度。

拓展阅读

案例：

韦女士买了一辆新车，经过一段时间的行驶后，仪表板显示需做首次保养，由于对汽车保养了解不多，也没有提前预约，韦女士直接开车到店进行保养，希望服务顾问能够详细解释保养项目和收费标准。

韦女士进店后，服务顾问小张并没有主动上前迎接，而是继续低头玩手机。直到韦女士走到接待台前，才勉强抬起头，语气冷淡地询问客户来意。在韦女士说明来意后，小张只是简单地向客户介绍了首次保养的基本项目，并没有详细解释每个项目的具体内容和必要性。当客户提出疑问时，小张表现出不耐烦的情绪，回答敷衍了事，甚至打断客户的提问。在客户询问保养费用时，只是简单地报出了一个总价，并没有提供详细的报价单,也没有解释每项服务的收费标准。当客户要求查看报价单时,小张以"系统故障"为由拒绝提供。

在整个接待过程中,小张始终处于被动状态,没有主动询问客户的需求,也没有提供任何增值服务(如客户在等待过程中,没有主动为客户提供茶水或休息场所)。

韦女士对小张的接待服务非常不满,认为4S店服务态度差、收费不透明。客户最终选择离开,转向其他维修店进行保养。此外,客户还在社交媒体上分享了这次不愉快的服务体验,对该4S店的品牌形象造成了负面影响。

案例解析:

小张在整个接待过程中存在严重的问题:

1)态度冷淡、缺乏热情,给客户留下了不好的第一印象。

2)沟通能力差、缺乏耐心,无法有效解答客户的疑问,导致客户对服务产生疑虑。

3)报价模糊、缺乏透明度,甚至拒绝提供报价单,损害了客户的知情权和选择权。

4)服务意识淡薄、缺乏主动性,没有为客户提供任何增值服务,降低了客户的体验感。

4S店服务顾问的接待环节是客户体验的第一步,也是至关重要的一步。服务顾问的服务态度、沟通能力、专业水平和服务意识直接影响着客户的满意度和信任度。因此,4S店应加强对服务顾问的培训,提升其服务意识和专业技能,为客户提供优质的服务体验。

新能源汽车
维修业务接待

项目四

客户接待

项目描述

　　杨先生，纯电动汽车车牌号"桂AD23456"，预约今天到店做20000km保养，请根据场景接待客户完成车辆预检。本项目主要学习如何迎接客户、环车检查、车辆问诊，本项目包含以下三个工作任务：

任务一	迎接客户
任务二	环车检查
任务三	车辆问诊

　　通过完成以上三个工作任务，你能清楚了解接待环节的服务流程，顺利完成客户车辆的预检工作。

任务一
迎接客户

一 任务描述

客户委托：到店做保养期望得到服务人员的专业接待。

任务描述：在客户进店时，能运用商务礼仪迎接客户，给客户留下良好的专业形象，保养时能对客户的车辆进行有效防护。

二 行动目的

实施步骤	素质	技能	知识
1. 了解客户期望	一丝不苟的工作态度、自律	日常5S管理、专业的形象	客户期望的内容
2. 准备接待用品			接待用品的认识
3. 迎接客户			礼仪知识
4. 安装防护用品			执行礼仪

三 行动步骤

1. 客户进店时会有什么期望

_____
_____
_____
_____

2. 准备工作

（1）维护售后服务区的环境

5S 管理包括_____、_____、_____、_____、_____。

（2）明确接待客户时需要的用品

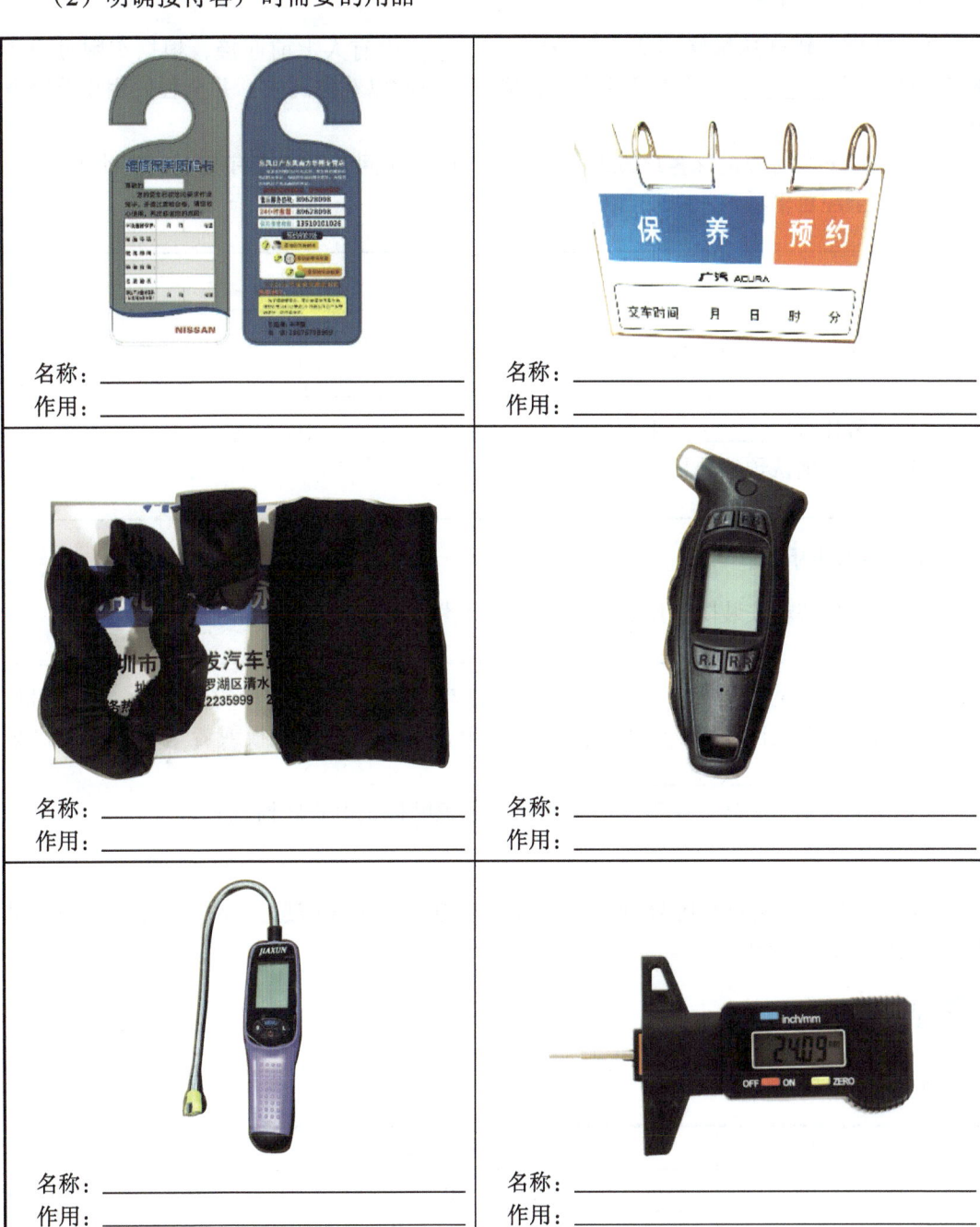

名称：_____　　　　　　名称：_____
作用：_____　　　　　　作用：_____

名称：_____　　　　　　名称：_____
作用：_____　　　　　　作用：_____

名称：_____　　　　　　名称：_____
作用：_____　　　　　　作用：_____

（3）礼仪准备
1）仪容。男：_____　女：_____
2）仪表。服务人员应佩戴统一的_____，穿统一的工作服，精神饱满、热情服务。

3. 引导客户停车

1）客户车辆到达维修接待区后应在_____s内有人上前迎接，根据车牌号码判断车辆是否有_____。若为预约客户，应第一时间以尊称问候，并全程使用规范服务用语。

2）客户下车时应提醒客户带走_____，服务顾问在门边应有_____动作。

3）安全注意事项。

4. 问候客户

1）自我介绍，把话术写下来。

2）递名片时应_____手递过去并把名片的_____面面向客户。

3）向客户确认预约项目，把话术写下来。

5. 安装防护用品

1）向客户解释安装防护用品的目的，把话术写下来。

2）迅速安装防护用品。安装防护用品时应先放置脚垫，脚垫的_____面向驾驶人位置，这时候手上的夹板就可以放在脚垫上，避免放在仪表板或者车顶刮花客户车辆。其次铺设_____、_____。

3）如果需要移动客户座椅，应利用箭头标识贴标记客户座椅位置。

6. 核对信息

客户信息主要核对车牌号牌、车主姓名、电话；车辆信息主要核对电量、剩余里程、升级信息、预警信息等。

四 评价及总结

1. 学生自我评价表

评价项目	评价标准	分值	得分
用品的认识	能说出每一种用品的作用	30	
问候客户	使用欢迎语，能流利说出公司名称、岗位名称、姓名，正确递名片	10	
安装防护用品	能按顺序正确安装防护用品	10	
仪容仪表	着装得体、头发干净、符合礼仪要求、精神饱满、面带笑容	10	

(续)

评价项目	评价标准	分值	得分
工作态度	态度端正、未出现无故迟到、早退、旷课现象	10	
工作质量	能按工作页要求完成工作任务	10	
职业素养	能做到精神饱满、礼貌、真诚待客，动作规范、话术流畅	10	
协调能力	与小组成员、同学之间能合作交流，团队氛围融洽	10	
合计		100	

2. 教师评价表

评价项目		评价标准	分值	得分
考勤（10%）		未出现无故迟到、早退、旷课现象	10	
工作过程（60%）	问候客户	使用欢迎语，能流利说出公司名称、岗位名称、姓名，正确递名片	10	
	安装防护用品	能按顺序正确安装防护用品	20	
	仪容仪表	着装得体、头发干净、符合礼仪要求、精神饱满、面带笑容	5	
	工作态度	态度端正、认真、主动	10	
	工作质量	能按工作页要求完成工作任务	5	
	职业素养	精神饱满、礼貌、真诚待客，动作规范麻利、话术流畅	5	
	协调能力	与小组成员、同学之间能合作交流，团队氛围融洽	5	
成果展示（30%）	工作完整	能按时完成任务	5	
	工作规范	能按规范要求完成各个动作	5	
	成果展示	能规范完成客户接待流程	20	
合计			100	

五 相关知识点

1. 了解客户的期望

为了提供优质的客户服务，必须先深入了解客户的期望，尤其是那些第一次进4S店保养或者维修的客户，他们面对一个全新的环境，难免会感到不安，担心服务的质量，害怕被不公正地收费，或者担心车辆能否得到妥善修理等。此外，有些车辆故障是突如其来的，迫使客户不得不匆忙进4S店，这种情况下，客户的心情可能会变得焦虑和急躁。还有一些客户非常忙碌，他们可能只能在工作之余抽出宝贵的时间来修理车辆，因此他们特别关注是否能够按时取回车辆。通过深入了解客户的心理状态，服务顾问就能够更好地把握客户的期望。这些期望包括：希望一到店就能立即得到接待，无须长时间等待；希望服务顾问能够表现出亲切、热情、礼貌的态度，同时也要公平对待客户，展现出专业和可靠的形象；希望服务顾问能够真正关心客户的车辆，推荐的维修或保养项目要合理，价格要透明，让客户感到安心；希望4S店能够在承诺的时间内完成工作，并按时交付车辆。

2. 接待前的准备工作

维修接待区的环境必须保持干净整洁、宽敞明亮、光线充足，以确保客户能够在一个舒适和愉悦的环境中等待和咨询。此外，维修接待区应配备齐全的设施，以便能够进行彻底和系统的检查工作。这些设施包括但不限于举升机、清晰展示的价目表以及车间看板等，这些都应一目了然，方便客户了解服务内容和价格。维修接待通道和停车区应设有明显的标识，以便客户能够轻松找到维修地点。同时，为了体现预约服务的优越性，应留有专门的预约通道供预约车辆驶入。服务接待大厅应配备感应大门、冷暖空调以及播放系统等，以确保客户在等待期间的舒适度。此外，大厅内不应乱堆放杂物，服务顾问的桌面应保持整洁，只摆放必要的办公设备，如电脑、电话机以及当月的广告宣传材料。背景墙上应张贴各种零配件的价格和工时标准，确保维修项目的价格公开透明，让客户能够清楚了解各项费用。

服务顾问作为客户进4S店时的首要接触人员，承担着代表公司形象的重要角色。因此，服务顾问应统一着装、佩戴工牌，以展现专业形象。他们应以饱满的精神状态和微笑的服务迎接每一位客户，体现出热情和友好的服务态度。为了更好地服务客户和车辆，服务顾问应准备好接待过程中可能用到的各种物品，包括但不限于名片、接车单、防护用品、车辆状态指示牌、质检卡、手电筒、胎压检测仪、胎纹深度尺以及制动液检测仪等。这些物品的准备充分，不仅能够提高工作效率，还能让客户感受到专业和周到的服务，从而增强客户对维修服务的信任度和满意度。

3. 迎接客户

服务顾问在接待客户的过程中，必须保证反应迅速，以确保客户体验的顺畅和高效。在维修接待通道，特别设置了引导台，服务顾问会轮流在此站岗，以确保对客户的到来及时响应。当客户的车辆驶入维修接待区时，服务顾问应立即上前迎接，确保在30s内上前与客户交流，遵循先到先接待的原则，以保证服务的公平性。服务顾问需要主动询问客户的来意，并根据客户的需求，指引他们前往相应的业务区域。

如果需要客户等待，服务顾问应确保等待时间不超过5min。在多人等待或等待时间超过5min的情况下，应立即增加服务顾问的数量，以避免出现客户无人接待的情况。这样可以防止车辆在通道内滞留，从而避免因接待不及时而造成交通堵塞。在引导客户停车时，服务顾问必须注意个人安全，避免站在车辆的正前方指引，以免发生危险。正确的做法是在车辆的侧面，确保在驾驶人的视线范围内，用手势来引导客户将车辆停到指定的车位。在客户停车后，服务顾问应站在客户车门边大约1m的位置，静候客户下车。一旦客户有开门的动作，服务顾问应主动上前，帮助客户拉开车门，并以护顶的手势，确保客户的下车过程安全舒适。

在接待预约客户时，我们应当首先直接尊称客户的姓氏，然后进行自我介绍。例如，可以这样说："李先生，您好，欢迎光临×店，我是服务顾问×，非常荣幸能够为您提供服务。这是我的名片，请您多多关照。"紧接着，我们应当确认客户预约的项目，如："您今天预约的是10000km的车辆保养服务，我们已经根据您的需求做好了相应的准备工作。"这样可以确保服务流程的顺畅进行。

而对于没有预约就直接来访的客户，我们在进行自我介绍之后，应该立刻询问客户的姓名，并在接车单上仔细记录下来。在整个维修接待过程中，我们应当始终保持对客户的尊重，并且使用恰当的敬称。此外，我们还应该向这些未预约的客户介绍预约服务的好处，如可以节省等待时间、享受特别优惠等，以此来鼓励他们以后进行预约，同时这也是宣传预约服务的一个好机会。

4. 安装防护用品

在维修保养过程中，防护用品扮演着至关重要的角色，其主要目的是确保车辆的驾驶室在服务过程中保持清洁，不受污染。这些防护用品通常包括一套完整的三件套：座椅套、方向盘套以及脚垫。此外，一些知名品牌还会额外提供变速杆套和驻车制动器操纵杆套，以提供更全面的保护。服务顾问在提供服务时，有责任确保这些防护用品得到妥善地安装和使用。首先，应该铺设脚垫，这些脚垫上通常印有标识，因此在放置时应确保标识正面朝向座椅，以便于防护。在铺设脚垫的同时，服务顾问可以将手写板放置在脚垫上，避免放在仪表板或者车顶上，因为这样可能会刮伤客户的车辆。

接下来，服务顾问需要铺设座椅套和方向盘套。整个安装过程应该迅速而熟练，以展现出服务顾问的专业性和效率，给客户留下干练和专业的印象。在安装防护用品的同时，服务顾问还可以适当与客户进行交流，这不仅能够缓解客户的紧张情绪，还能有效拉近与客户之间的距离，营造出更加和谐的服务氛围。

任务二
环车检查

一 任务描述

客户委托：确认车辆进厂时的状态，维护客户的利益。
任务描述：在客户车辆进4S店时，对客户的车辆进行环车检查。

二 行动目的

实施步骤	素质	技能	知识
1.环车检查的作用	一丝不苟的工作态度、诚信对待客户	以专业的服务完成客户接待	环车检查的步骤
2.环车检查的原则			环车检查的内容及要求
3.运用礼仪执行环车检查			环车检查的礼仪和话术

三 行动步骤

1. 说出环车检查的作用

对客户：_____

_____

对4S店：_____

_____

2. 说出环车检查的原则

环车检查的原则先车_____后车_____，从高到低，从左前门开始，按照顺时针的顺序依次进行检查，注意死角部位。

3. 执行环车检查

（1）车内
提醒客户带走贵重物品，征询客户同意进入车内检查，首先检查仪表，记录_____

和_____，并当面向客户报出来，目的是_____。其次检查其他的功能键，包括_____

_____

_____。

打开中央扶手箱和杂物箱检查各项功能是否正常时，因涉及隐私问题，需征询客户的同意。

驾驶席	仪表板	仪表板屏幕	中控屏幕	空调
	音响	刮水器	灯光	安全带
	顶篷	天窗	化妆镜	四门玻璃升降器
	后视镜	中央扶手箱	杂物箱	

（2）说出环车检查中需检查的车身外观件名称

左前侧	车顶	左前玻璃	左后视镜	左前门
	左前下裙	左前翼子板	左前轮胎	左前轮毂
正前方	前风窗玻璃	前舱盖	前照灯	空气格栅
	前保险杠	前舱盖液压支撑杆	刮水器	机油（如有）
右侧	右前翼子板	右前轮胎	右前轮毂	右后视镜
	右前玻璃	右前门	右前下裙	右后翼子板
	右后下裙	右后玻璃	右后门	
	右后翼子板	右后轮胎	右后轮毂	充电口或加油口盖（如有）
正后方	后风窗玻璃	尾门	尾灯	后保险杠
	随车工具			
左后侧	加油口盖（如有）	左后翼子板	左后轮胎	左后轮毂
	左后玻璃	左后门	左后下裙	

项目四 客户接待

（3）确认检查结果

```
                                          ××服务中心
                                          维修工单号：

                              接车单

基本信息

客户姓名：              送修人姓名：           客户地址：
客户电话：              送修人电话：
车牌号码：              VIN：                剩余油量：              行驶里程：
车型配置：              发动机号：             剩余电量：              购车日期：
服务顾问：              检查日期：

外观检查图                               内饰检查
                                        内饰是否破损：

                                        车辆功能确认
                                        灯光：
                                        刮水器：
                                        空调：

                                        随车工具
                                        气压泵：
     ⊙      ┆       &       *          反光衣：
    石击    划伤    凹凸    损坏         三角牌：

                                        贵重物品


备注：




客    户                               服务顾问
签    署：_____                签    署：_____
签字日期：___年___月___日              签字日期：___年___月___日
```

四 评价及总结

1. 学生自我评价表

评价项目	评价标准	分值	得分
环车检查的作用	能说出环车检查的作用	5	
环车检查的原则	能说出环车检查的原则	5	
车内检查	完成里程数、电量、燃油量、各个功能键的检查	10	
车外检查	按顺序完成外观、前舱、行李舱的检查	40	
工作态度	态度端正、未出现无故迟到、早退、旷课现象	10	
工作质量	能按工作页要求完成工作任务	10	
职业素养	能干脆利落、动作规范、话术流畅地完成环车检查	10	
协调能力	与小组成员、同学之间能合作交流,团队氛围融洽	10	
合计		100	

2. 教师评价表

评价项目		评价标准	分值	得分
考勤(10%)		未出现无故迟到、早退、旷课现象	10	
工作过程(60%)	车内检查	完成里程数、电量、燃油量、各个功能键的检查	10	
	车外检查	按顺序完成外观、前舱、行李舱的检查	20	
	仪容仪表	着装得体、头发干净、符合礼仪要求、精神饱满、面带笑容	5	
	工作态度	态度端正、认真、主动	10	
	工作质量	能按工作页要求完成工作任务	5	
	职业素养	精神饱满、礼貌、真诚待客,动作规范麻利、话术流畅	5	
	协调能力	与小组成员、同学之间能合作交流,团队氛围融洽	5	
成果展示(30%)	工作完整	能按时完成任务	5	
	工作规范	能按规范要求完成各个动作	5	
	成果展示	能规范完成环车检查流程	20	
合计			100	

五 相关知识点

在车辆进入车间进行维修或保养之前,负责接待客户的服务顾问有责任首先对车辆进行全面的环车检查。这项检查工作是至关重要的,因为它可以帮助服务顾问了解车辆当前的状况，识别出可能存在的问题或需要特别关注的区域。通过细致的检查，服务顾问能够为客户提供一个详细的报告，确保维修或保养工作能够针对车辆的具体需求进行，从而提高服务质量和客户满意度。

1. 环车检查的作用

环车检查作为互动式接待过程中的一个关键环节，扮演着至关重要的角色。它能使维修程序变得更加透明，从而帮助建立和加强客户与经销商之间的信任关系，还能显著提升客户的满意度。通过这一过程，服务顾问的专业性和工作规范性得以体现，这关乎服务顾问的个人形象，也是整个服务团队专业水平的体现。在进行环车检查时，服务顾问能够深入地了解客户的具体需求，有助于提供更加个性化的服务。此外，通过细致地检查，服务顾问能够发现客户尚未意识到的潜在故障或安全隐患，从而避免未来可能出现的安全隐患，确保客户的车辆安全可靠。

2. 环车检查的原则

在进行环车检查的过程中，应当积极主动地邀请客户一同参与，以确保整个检查过程的透明度。通常情况下，环车检查按照从内到外、从上到下、顺时针的顺序来进行，这样的流程有助于不遗漏任何一个细节。检查的范围包括但不限于车辆的内外饰、功能键、外观、前舱、行李舱以及底盘等关键部位。特别需要注意的是，对于车辆上已经存在的损伤，或者客户自己可能未注意到的损伤，需要及时与客户进行面对面的确认。这样的做法是为了确保在交车时，客户能够完全了解车辆的状况，从而避免因信息不对称而产生不必要的纠纷。

3. 环车检查

（1）车内检查

作为服务顾问，在开始工作之前，首先应该使用标识贴来记住客户的座椅和靠背的具体位置，在后续的工作中，当需要挪动车辆时，能够确保将座椅和靠背恢复到客户最初设定的位置。在进入车内进行检查之前，服务顾问应该先礼貌地提醒客户，确保他们将车上的贵重物品带走，以避免任何可能的损失或误会。在得到客户的允许后，服务顾问才能进入车内进行检查工作。在检查过程中，服务顾问需要当面向客户说明燃油量或者电量和里程数，并且将这些信息详细记录在接车单上，以确保信息的准确性和透明度。其次需要检查车内仪表、灯光、刮水器、空调、音响、中控屏幕、顶篷、天窗、化妆镜、玻璃升降器、安全带等。此外，当需要打开中央扶手箱和杂物箱等可能涉及客户隐私的部位时，服务顾问必须事先征得客户的同意，以尊重客户的隐私权。

（2）车外检查

在进行车辆检查时，主要关注车辆的漆面是否出现了刮伤，车身是否有凹陷或变形的情况，轮胎是否出现了老化现象，以及轮毂（也称作钢圈）是否遭受了划伤或变形。对于这些状况，应当使用特定的标识符号进行详细记录。

1）在检查过程中，服务顾问应从左前门开始，按照从高到低的顺序，依次检查车顶、车门、下裙等部位。在检查的同时，服务顾问需要注意与客户之间的相对位置，以确保沟通的顺畅和专业性。服务顾问可以选择倒着走，用左手指向车辆的相应部位，同时正面面向客户，与客户一一确认车辆外观的状况。对于车辆的低处部位，如下裙和轮胎，服务顾问在检查时应注意使用正确的蹲姿，以确保检查的准确性和专业性。

2）在检查前舱需要确认机油状况时，服务顾问需要特别注意将机油尺拔出后展示给客户的角度。为了确保信息的准确传达，机油尺不应以垂直或水平的角度展示给客户，而应以45°的角度，让客户能够清楚地看到机油的颜色和状态。通过这种方式，服务顾问可以增强客户是否更换机油的决心，让客户对车辆的维护和保养有更深入的了解。

3）在打开行李舱进行检查之前，服务顾问应先征询客户的同意，以示对客户的尊重和专业的工作态度。这样的细节处理不仅能够提升客户的服务体验，也能体现出服务顾问的专业素养和对客户的关怀。

（3）确认签字

在完成环车检查的整个流程之后，服务顾问应当及时地向客户详细总结并汇报检查过程中发现的各类情况和问题。这样做不仅能够确保客户对车辆的状况有一个清晰的了解，而且还能体现出此次服务的专业性和透明度。在汇报完毕后，需要请客户对检查结果进行确认，并在接车单上签字，以证明客户已经了解并同意了检查报告的内容。这一过程对于建立客户信任和确保交易的顺利进行至关重要。

在进行环车检查的过程中，与客户保持良好的沟通是至关重要的。这不仅有助于建立信任关系，还能确保接待过程的融洽与顺畅。通过与客户的交流，可以深入了解客户的用车习惯和偏好。作为服务人员，应当运用自己的专业技能，全面而细致地发掘客户车辆的维修和保养需求。在与客户互动的过程中，要时刻留意捕捉销售机会，为后续的估价过程做好准备，从而确保销售的成功率和服务过程的客户满意度。

任务三
车辆问诊

一 任务描述

客户委托：车辆行驶了 30000km，制动异响，希望服务顾问像医生一样对故障进行问诊。

任务描述：面对客户反映的故障，能有技巧地向客户提问，掌握故障情况，提供专业的建议，并能解释哪些情况属于保修范围。

二 行动目的

实施步骤	素质	技能	知识
1. 确认需求	具备良好的沟通技巧	掌握 5W2H 的车辆问诊技巧	确认客户的真实需求
2. 5W2H 问诊			5W2H 的车辆问诊技巧
3. 复述		能对问诊的内容进行复述	掌握复述的关键点

三 行动步骤

1. 确认客户今天进厂的需求（客户反映制动异响），请写出话术

_____
_____
_____
_____
_____
_____
_____

2. 针对客户反映的制动异响，初步判断制动异响可能的原因

_____、_____、_____

小提示：服务顾问只能对故障原因进行分析，不能下结论，具体的结果应该由维修技师检查后得出，因此服务顾问需要对故障发生的过程进行详细的了解并做好记录，方便维修技师能够一次性修复故障。

3. 5W2H 问诊

1）利用网络查询 5W2H 的含义和作用。

含义：_____
_____

作用：_____
_____

2）写出 5W2H 在故障发生过程中分别代表的含义，以客户反映的制动异响为例。

What：_____
_____

When：_____
_____

Who：_____
_____

Where：_____
_____

Why：_____
_____

How：_____
_____

How many：_____
_____

3）根据客户反映的制动异响进行 5W2H 问诊，请把话术写下来。
_____
_____
_____
_____

4）沟通技巧。提问的方式一般有两种，一种是_____，一种是_____。

用通俗易懂的语言帮助客户把当时的故障现象描述出来，如客户提到的制动异响，可以用象声词"吱吱吱""嘎嘎嘎"来引导客户描述；认真聆听客户的描述，适当的重复并作记录。针对客户的描述，服务顾问只能做分析，不能下结论。

5）常见的故障问诊。

故障	故障表现	发生条件	车辆使用情况	出现频率
发动机无法启动	□有启动征兆 □无启动征兆 □启动后熄火 □其他	□雨天 □晴天 □雪天 □冷车 □热车 □急速 □高转速 □特定转速 □换挡 □转向 □制动	□加速 □减速 □匀速 □高速 □低速 □高速路 □颠簸路段 □一般路面 □市区 □上坡 □下坡	□经常 □有时 □每次 □总是 □很少 □一直有 □仅最近
发动机启动困难	□冷车启动困难 □热车启动困难 □其他			
怠速不良	□怠速高 □怠速低 □怠速抖动 □怠速不稳 □其他			
方向跑偏	□直线行驶不正 □手不扶往一边偏 □制动跑偏			
转向重	□向左转重 □向右转重 □都有 □转不动方向盘			

6）把问题记录在接车单，并向客户做小结，写出小结话术。

接车单			单号：H2901120921112	
小米汽车****服务中心		地址：**** 传真：****	电话：****	
客户名：	车牌/VIN：桂 AD34567/LG BL2A		里程：10560km	
来店时间：	车型：SU7		备注：	
□首二保	□每 5000km 保养	☑每 10000km 保养	□每 20000km 保养	□每 40000km 保养
客户陈述/原因分析/预诊断结果				
1. 重点检查底盘和制动。 2. 车后面有"咯噔、咯噔"的异响，持续约 1 个星期，在颠簸的路上声音更大。				

4. 复述

复述的关键内容包括_____

四 评价及总结

1. 学生自我评价表

评价项目	评价标准	分值	得分
5W2H 的含义	能分别说出 5W2H 在故障问诊中的具体含义	20	
5W2H 问诊	能利用 5W2H 技巧对客户反映的故障进行问诊	40	
工作态度	态度端正、未出现无故迟到、早退、旷课现象	10	
工作质量	能按工作页要求完成工作任务	10	
职业素养	能干脆利落、动作规范、话术流畅地完成环车检查	10	
协调能力	与小组成员、同学之间能合作交流,团队氛围融洽	10	
	合计	100	

2. 教师评价表

评价项目		评价标准	分值	得分
考勤(10%)		未出现无故迟到、早退、旷课现象	10	
工作过程(60%)	5W2H 的含义	能分别说出 5W2H 在故障问诊中的具体含义	10	
	5W2H 问诊	能利用 5W2H 技巧对客户反映的故障进行问诊	20	
	仪容仪表	着装得体、头发干净、符合礼仪要求、精神饱满、面带笑容	5	
	工作态度	态度端正、认真、主动	10	
	工作质量	能按工作页要求完成工作任务	5	
	职业素养	与客户沟通时自然亲切真诚、语言流畅	5	
	协调能力	与小组成员、同学之间能合作交流,团队氛围融洽	5	
成果展示(30%)	工作完整	能按时完成任务	5	
	工作规范	能按规范要求完成各个动作	5	
	成果展示	能规范完成问诊流程并引领客户入座	20	
		合计	100	

五 相关知识点

1. 确认客户需求

服务顾问在接待进 4S 店进行车辆保养或维修的客户时,为了有效提升客户的满意度,必须深入地了解客户的真实需求。例如,服务顾问可以主动询问客户:"×先生,除了常规的保养，您还有哪些特别需要我们重点检查或关注的地方吗？"通过这样的提问，服务顾问可以更好地满足客户的个性化需求。

此外，当客户因为车辆出现故障而进 4S 店时，他们的心情往往会受到一定程度的影响。因此，在接待客户的过程中，服务顾问需要采取措施来安抚客户的情绪。例如，服务顾问可以温和地对客户说："× 先生，我真的很抱歉，您的车辆出现了问题给您带来了不便。请您放心，我们的专业技师团队一定会竭尽全力帮您解决故障问题。现在，我能否向您询问几个关于车辆的问题，以便我们更准确地诊断问题？"通过这种体贴入微的服务态度和专业的沟通方式，服务顾问不仅能够缓解客户的焦虑情绪，还能建立起客户对服务团队的信任感，从而提升整体的客户满意度。

2. 5W2H 问诊技巧

在与客户进行交流和沟通的过程中，掌握并运用恰当的沟通技巧是非常关键的。沟通不仅仅是简单的对话，它涉及人与人之间、人与群体之间在思想和感情层面上的信息传递与沟通，目的是达到思想上的共识和感情上的顺畅交流。在沟通过程中，倾听显得尤为重要，它要求我们全神贯注地聆听对方的话语内容以及了解话语背后的深层含义。通过鼓励对方畅所欲言，运用积极的肢体语言，如保持目光交流、适时点头或微笑，可以有效地向客户传达出我们对他们所说内容的关注和重视，从而营造出一种积极、开放的沟通氛围。

在日常交流中，我们通常会采用两种不同的提问方式来引导对话。

1）第一种方式是开放式的提问，这种提问方式提出的问题往往比较概括、广泛，涉及的范围较大。这类问题对回答的内容限制不严格，允许回答者自由发挥，充分表达自己的观点和想法。例如，我们可以问："您有什么想法？""为什么会发生这样的事情？""这件事情是在什么时候发生的？""这件事情发生在何地？""谁参与了这件事情？"等。通过这些问题，我们可以激发对方的思考，获取更全面、更深入的信息。

2）第二种提问方式是封闭式提问，与开放式提问相对。封闭式提问通常要求答案具有唯一性，问题的范围较小，且有一定的限制。在提问时，我们会给对方一个明确的框架，让对方在有限的选项中进行选择。例如，我们可以问："这是不是您想要的结果？""这样做行不行？""您认为应该选择左边还是右边？"等。通过封闭式提问，我们可以快速地获取对方的明确意愿，有助于在需要快速决策的场合中迅速得出结论。

5W2H 问诊法，也被称作 7 问分析法或者 7 何分析法，它起源于第二次世界大战时期，最初是由美国陆军兵器修理部所创造。这种分析方法因其易于理解和使用，同时又具有深刻的启发意义，而被人们广泛认可。它不仅仅是一种定律、一种原理，更是一种流程和工具，广泛应用于企业管理和日常的工作学习之中。随着时间的推移和人们不断地实践与总结，7 问分析法逐步发展和完善，形成了一套成熟的"5W+2H"模式。服务顾问运用这种模式可以在非常短的时间内，能够规范地进行问诊流程，从而体现出服务顾问的专业素养。

服务顾问通过运用 5W2H 问诊法，能够有效地获取准确的信息，这不仅避免了与维修技师的频繁沟通，也减少了与客户不必要的交流，从而显著提高了工作效率，节约了时间。最终，通过一次性的修复服务，让客户对服务顾问产生足够的信任，这对于建立长期的客户关系和提升企业形象具有重要的意义。

5W2H 问诊法是一种非常实用的问题解决工具，它包括了 7 个关键的询问维度：What（何事）、When（何时）、Who（何人）、Where（何地）、Why（为何）、How（如何）以及 How many（多少）。通过这 7 个维度的详细分析，我们可以全面地了解和解决一个问题。

1）What 主要指的是问题的具体表现，如在汽车故障诊断中，它可能涉及车辆出现的异响、异味、跑偏等具体症状。

2）When 指的是问题出现的具体时间或是在什么样的工况下发生的，如是在特定的天气条件下或是经过一段使用时间后。

3）Who 则关注于问题是否与特定的人有关，如驾车员或同车人，以及是否可能是由其他使用者的操作不当引起的。

4）Where 指的是问题出现的具体位置或部位，如发动机、制动系统等。

5）Why 则是试图探究可能导致该问题的原因，如机械磨损、电气故障或是外部因素。

6）How 关注于问题发生时的具体操作情况，如驾驶习惯、操作步骤等。

7）How many 指的是问题发生的频率，即故障出现的次数，这有助于判断问题的严重程度和紧急性。

5W2H 车辆问诊技巧执行要点如下：

1）请客户详细描述故障发生时车辆的具体表现，例如，"×先生，您刚才提到的制动异响，能否具体说明是'吱吱吱'的连续响声还是比较尖锐刺耳的'嘎嘎嘎'声？""×先生，您提到的异味，能否进一步描述一下，是烧焦的气味，还是类似化学物品的刺鼻气味？""×先生，您能详细描述一下车辆跑偏时的具体状态吗？如车辆是轻微地向一侧偏移，还是严重到无法控制？"服务顾问在与客户沟通时，应尽量使用简单、通俗易懂的语言，引导客户详细描述故障发生时的状况，尽量避免使用过于专业或复杂的汽车术语，以便更好地让客户反馈问题。

2）在车辆出现故障的情况下，我们经常发现这些故障与特定的时间段（如早晨、中午或下午）、不同的天气状况（如炎热、寒冷、下雨、晴朗或下雪）以及驾驶条件（如启动、急速、暖机、车速、发动机转速、换挡、转向、制动、上下坡行驶、巡航状态或重新启动车辆）之间存在一定的关联性。为了更准确地诊断问题，我们可以根据客户所描述的具体故障情况来定制询问的策略。例如，我们可以向客户提出这样的问题："×先生，您提到的制动异响，是否只在下雨天出现？在晴朗的天气下，这种情况是否也发生过？"或者"×先生，您所描述的发动机抖动，是不是仅在早晨冷车启动时出现？在车辆行驶一段时间后再次启动时，是否还会出现同样的抖动问题？"通过这样的针对性询问，我们可以更有效地收集信息，进而对车辆的故障进行更精确的分析和诊断。

3）在某些情况下，故障的发生可能与驾驶人的操作习惯或感觉有关，如手动挡车型在挂挡时出现的困难。这类问题通常被认为是人为因素导致的，因此在诊断问题时，我们需要明确故障是否仅限于特定的驾驶人，或者是否可能由其他使用者引起。此外，我们还需要区分是驾驶人本人还是同车的其他人员感受到了这一问题。为了更准确地理解问题的性质，我们可以向客户提出一系列的问题，例如："×先生，您提到的手动挡挂挡困难，这是您个人的感觉还是当您的家人或朋友驾驶这辆车时，他们是否也遇到了同样的困难？"通过这样的询问，我们可以更深入地了解问题的背景，从而为解决问题提供更准确的方向。

4）为了彻底了解故障发生的详细情况，我们需要知道故障发生的地点以及故障出现的具体部位。这包括噪声源的来源，如是来自车辆的前部、后部、左侧还是右侧。同时，了解使用环境也至关重要，如车辆是否经常进行反复短距离行驶、是否需要牵引拖车、是否长时间处于怠速状态、是否在高湿度地区或有腐蚀性物质的地区行驶、是否经常在粗糙泥泞、颠簸、凹坑路面或沙漠地带中行驶并频繁制动、是否在山区行驶、是否季节性地经常涉水行驶等。通过这些信息，我们可以更准确地判断问题所在。因此，在与客户沟通时，我们可以询问："×先生，您提到制动有异响，请问是哪个轮子区域发出来的声音呢？"或者"×先生，您提到车辆出现跑偏的情况，是在什么样的路面上发生的呢？"

5）在处理车辆故障时，我们发现，并非所有的故障都是由于车辆本身的质量问题所导致的。有时候外部因素，如外力的作用，也可能是导致车辆出现故障的原因之一。因此，在面对客户时，我们可以采取一种试探性的询问方式，以便更好地了解故障的具体情况。例如，如果客户反映他们的车辆出现了跑偏，我们可以礼貌地向客户提出这样的问题："×先生，您最近是否有驾驶车辆经过一些特别坑洼不平的路面，或者是否有可能磕碰到车辆的底盘呢？"在进行此类询问时，我们需要注意自己的措辞，尽量保持语气的委婉和尊重，以避免无意中激怒客户，从而营造一个和谐的沟通氛围。

6）明确车辆故障发生时的操作情况和故障发生的确切时间，如是在早晨冷车启动时，还是在长时间行驶后。这些细节的询问有助于我们判断故障是否与温度、使用时长等环境因素相关。例如，若客户反馈制动异响发生在紧急制动时，我们可以进一步提问："×先生，这种异响在常规制动或缓慢停车时是否也会出现？"通过逐层的询问，我们可以更精确地确定故障位置，为接下来的诊断和修复工作提供坚实的基础。

7）为了了解故障发生的频率和次数，我们可以使用一些特定的词语来描述，比如"每次""总是""有时""很少""自车辆新时开始"以及"仅最近"。这些词语有助于我们更精确地界定问题出现的规律。例如，你可以询问："是每次踩制动踏板的时候都会发出异响吗？"

在运用5W2H问诊技巧对客户的车辆进行诊断时，我们应当采用简单明了的语言进行沟通，避免使用过于专业或者技术性太强的术语，这样做是为了确保客户能够轻松理解我们所表达的内容。如果客户因为听不懂专业词汇而感到困惑或不耐烦，这可能会对整个服务过程产生负面影响。

在询问客户关于车辆问题的信息时,我们在询问时需要尽可能详细,这样有助于我们对潜在的故障原因进行精确的分析和判断。然而,并不是在所有情况下都需要对5W2H的每一个方面都进行深入的询问,关键是要获取足够的信息来解决问题。

在客户描述车辆问题的过程中,我们要认真倾听,及时记录下重要的细节。在客户叙述问题时,我们不应该打断他们,以免影响他们对问题的完整表述。对于客户描述中不够清晰的地方,我们要及时地进行复述并加以确认,确保我们对问题的理解是准确的。如果客户在回答问题时表现出对车辆问题已深入了解,我们可以适时地给予认可,这样做不仅能够增强客户的满意度,还能够促进双方之间的良好沟通。

新能源汽车常见故障和原因见表4-1。

在实际运用中,服务顾问应熟练掌握5W2H问诊法的每一个步骤,并且能够根据客户的具体描述,灵活地调整询问的顺序和重点。通过反复实践,服务顾问可以逐渐提高自己的问诊技巧和效率,从而为客户提供更加专业和高效的服务。同时,服务顾问还应注重沟通技巧,保持耐心和友好的态度,让客户感受到被重视和关怀。在解决车辆故障问题的过程中,服务顾问不仅要具备专业的知识和技能,还要具备良好的沟通能力和服务意识,这样才能赢得客户的信任和满意。

表 4-1 新能源汽车常见故障和原因

故障现象	故障原因
电池故障	动力电池老化或过度充放电;电池管理系统(BMS)失效;动力电池内部单体电池失衡;温度过高或过低影响电池性能
充电故障	充电桩或充电设备不兼容;充电接口接触不良或损坏;充电线路故障或熔丝熔断;车载充电机(OBC)故障
电机故障	电机控制器(MCU)失效;电机过热或过载;电机内部绕组短路或断路;传感器故障导致电机控制异常
电控系统故障	软件系统出现漏洞或未及时更新;电控单元(ECU)损坏或通信故障;传感器信号异常或失效;高压系统绝缘不良或短路
续驶里程异常	电池容量衰减;驾驶习惯不良,如频繁急加速或急制动;空调、加热等耗电设备使用过多;轮胎气压不足或车辆负载过大
高压系统故障	高压线路接触不良或损坏;高压继电器或熔丝故障;动力电池或电机绝缘失效;高压系统过热或过载
制动系统故障	制动能量回收系统(再生制动)失效;传统制动系统(如制动片、制动盘)磨损;制动液不足或制动管路漏液;传感器故障导致制动系统异常
空调系统故障	电动压缩机故障;空调制冷剂泄漏或不足;空调控制系统失效;动力电池电量不足导致空调无法正常工作
仪表盘显示异常	传感器信号丢失或错误;仪表盘控制模块故障;通信线路接触不良或中断;软件系统故障导致显示异常
车辆无法启动	动力电池电量耗尽或动力电池故障;高压系统未正常上电;启动系统(如钥匙、启动按钮)故障;电控系统或电机控制器故障

(续)

故障现象	故障原因
动力中断	电机或电机控制器故障；高压系统保护机制触发（如过电压、过电流）；动力电池电量过低或BMS限制输出；传感器故障导致动力系统异常
通信故障	CAN总线通信中断或干扰；ECU通信模块故障；传感器或执行器通信异常；软件系统不兼容或未更新
灯光系统故障	LED灯组损坏或接触不良；灯光控制模块故障；电路短路或熔丝熔断；软件系统故障导致灯光控制异常
车门或车窗故障	电动门窗电机损坏；车门锁控制模块故障；传感器或开关接触不良；软件系统故障导致控制异常
动力电池温度故障	散热风扇的插头未能紧固或散热风扇本身出现故障，导致动力电池温度调控失效
中高速跑偏	轮胎磨损异常；转向器损坏；转向机构变形损坏
制动异响	有异物进入制动盘表面；制动片磨损到极限；制动片磨损异常；制动盘磨损异常
空调异味	空调滤清器（也称作空调滤芯）脏堵；鼓风机脏污
方向盘抖动	车轮出现动不平衡；转向传动机构变形损坏
低速大角度转方向盘异响	液压助力泵故障；助力电机故障；半轴球笼损坏；转向机构变形损坏

3. 复述

在处理客户反馈的故障时，采用5W2H（即何事、何时、何人、何地、为何、如何、多少）的问诊方法，我们能够更系统地收集和理解问题的详细情况。在完成问诊后，为了确保我们对问题的理解准确无误，需要对客户的反馈进行复述。

复述的目的是确认我们没有遗漏任何关键信息，但同时也要注意复述的方式，避免机械地重复客户的原话。相反，我们应该用自己的话来总结客户的反馈，这样既能够展示我们对问题的理解，也能够保持与客户的良好沟通。例如，针对客户提到的制动异响问题，经过5W2H问诊后，我们可以这样复述："×先生，我已经详细记录下来了。您提到的是，大约在一周前，当您的车辆行驶在不平坦的路面上，当您需要用力踩制动踏板时，车辆出现了连续的'吱吱'声。而且，您还指出，从那以后每次用力踩制动踏板都会听到同样的响声。请问您还有其他细节或情况需要补充吗？"

复述时，除了要确保信息的准确性，还应该注意对语气和态度的把握。要以友好、耐心的态度复述客户的反馈，让客户感受到我们的专业和关怀。同时，复述也是对客户进行心理安抚，能够让他们感受到我们对问题的重视和关注。通过这样的复述，我们不仅能够更好地理解客户的需求和问题，还能够建立起与客户之间的信任和合作，为后续问题的解决打下良好的基础。

拓展阅读

案例：

客户王先生驾驶一辆行驶里程超过 100000km 的老款轿车来到 4S 店，车辆出现发动机抖动、油耗增加等问题。客户此前曾在其他维修店进行过简单的维修，但问题并未得到彻底解决，因此对 4S 店的服务抱有一定的疑虑。

服务顾问小张在客户进店的第一时间主动上前迎接，面带微笑、语气亲切。她并没有急于询问车辆问题，而是先为客户递上一杯温水，并引导客户到休息区稍作休息。这一举动让客户感受到被尊重和关怀，初步缓解了客户的紧张情绪。

耐心倾听，了解客户需求：小张耐心倾听客户对车辆问题的描述，并适时地进行引导性提问，如"车辆抖动是在什么情况下出现的？""油耗增加是从什么时候开始的？"等。通过细致的沟通，小张不仅了解了车辆的表面症状，还初步判断出可能的故障原因。

在了解客户需求后，小张并没有直接给出维修方案，而是用通俗易懂的语言向客户解释了发动机抖动和油耗增加的潜在原因，并结合客户的车辆使用情况，分析了不同维修方案的利弊。她通过专业的讲解和真诚的态度赢得了客户的信任，客户表示愿意将车辆交给 4S 店进行维修。

车辆检查结束后，小张向客户详细解释了检查结果和维修方案，并提供了透明的维修报价单。她耐心解答了客户关于价格的疑问，并主动告知客户可以享受的优惠活动和保修政策，消除了客户对价格的顾虑。客户对小张的服务非常满意，不仅当场决定在 4S 店进行维修，还主动添加了小张的微信，表示以后车辆保养维修都会选择这家 4S 店。

在车辆维修期间，小张还贴心地为客户准备了午餐券，让客户在店里享用午餐，并邀请客户参加 4S 店举办的汽车保养知识讲座。这些贴心的服务让客户感受到了 4S 店的用心，提升了客户的整体体验。

此外，客户还在朋友圈分享了这次愉快的服务体验，为 4S 店带来了良好的口碑传播效应。

案例解析：

小张的成功之处在于：在接待环节注重细节，提升客户感受，从一杯温水到贴心的午餐券，通过细节服务让客户感受到被尊重和关怀。专业沟通，建立信任关系：专业的知识和真诚的态度赢得了客户的信任，为后续服务奠定了基础。透明的报价和详细的解释，消除了客户对价格和服务的疑虑。主动服务，提升客户体验：主动提供代步车、汇报维修进度等服务，提升了客户的整体维修等候体验。

4S 店服务顾问的接待环节是客户体验的第一步，也是至关重要的一步。通过热情、专业、透明的服务，服务顾问可以赢得客户的信任，为后续服务奠定良好的基础，最终实现客户满意和品牌提升的双赢局面。

新能源汽车
维修业务接待

项目五

制作工单

项目描述

作为服务顾问的你已经对客户的车辆进行了预检,现在需要制作工单以便车辆顺利进入车间进行维修。本项目主要学习如何描述维修项目、推荐产品技巧、制作工单,本项目包含以下三个工作任务:

任务一	描述维修项目
任务二	推荐产品技巧
任务三	制作工单

通过完成以上三个工作任务,你能了解制作工单环节的服务流程,顺利完成客户车辆的制作工单工作。

任务一
描述维修项目

一 任务描述

客户委托：希望能清楚了解自己增程式电动汽车 20000km 保养增程器的维修项目、价格、更换的原因。

任务描述：在制作工单之前，跟客户口头说清楚本次保养需要更换的零部件和原因。

二 行动目的

实施步骤	素质	技能	知识
1. 了解增程器 20000km 保养需要更换的零部件	真诚地对待客户	能客观地向客户说明更换的原因、价格	各零部件的作用
2. 更换原因			各零部件用久后的状态
3. 向客户说明费用			沟通技巧

三 行动步骤

1. 了解增程器 20000km 保养需要更换的零部件

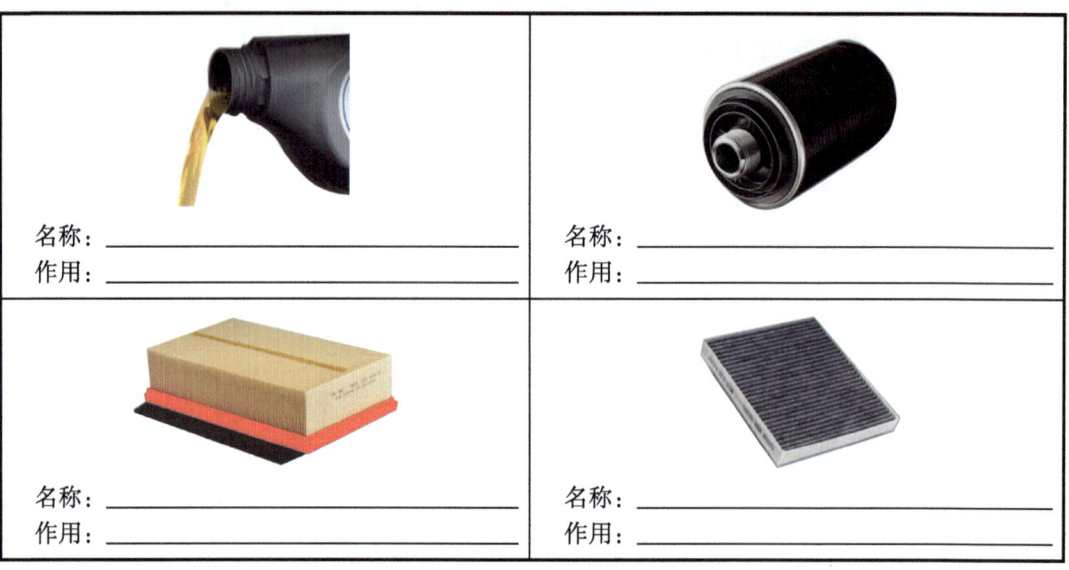

名称：_____
作用：_____

名称：_____
作用：_____

名称：_____
作用：_____

名称：_____
作用：_____

2. 更换原因

旧件	新件

机油滤清器用久后会怎么样？

更换之后有什么好处？

旧件	新件

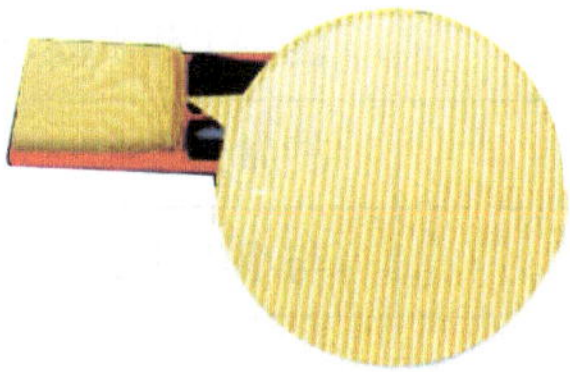

空气滤清器（也称作空气滤芯）用久后会怎么样？

更换之后有什么好处？

旧件	新件

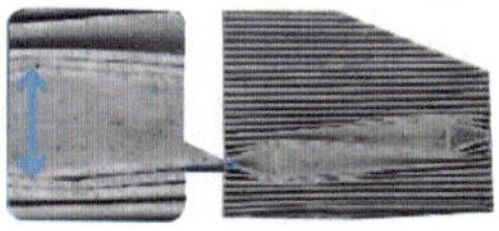

空调滤清器用久后会怎么样？

更换之后有什么好处？

3. 口头向客户说明增程器 20000km 保养需要更换的零部件、原因、价格，并把话术写出来

_____

_____

_____

_____

项目五 制作工单

四、评价及总结

1. 学生自我评价表

评价项目	评价标准	分值	得分
零部件的认识	能说出每一个零部件的名称和作用（5分/个）	20	
零部件用久后的状态	能说出每一个零部件用久后的状态是怎么样的，更换新件之后有什么好处	15	
增程器20000km更换的零部件	能说出每一个零部件的作用、更换原因、价格	15	
仪容仪表	着装得体、头发干净、符合礼仪要求、精神饱满、面带笑容	10	
工作态度	态度端正、未出现无故迟到、早退、旷课现象	10	
工作质量	能按工作页要求完成工作任务	10	
职业素养	能做到礼貌、真诚待客、话术流畅	10	
协调能力	与小组成员、同学之间能合作交流，团队氛围融洽	10	
合计		100	

2. 教师评价表

评价项目		评价标准	分值	得分
考勤（10%）		未出现无故迟到、早退、旷课现象	10	
工作过程（60%）	零部件的认识、用久后的状态	能说出每一个零部件的名称、作用、用久后的状态	15	
	增程器20000km更换的零部件	能说出每一个零部件的作用、更换原因、价格	20	
	仪容仪表	着装得体、头发干净、符合礼仪要求、精神饱满、面带笑容	5	
	工作态度	态度端正、认真、主动	5	
	工作质量	能按工作页要求完成工作任务	5	
	职业素养	精神饱满、礼貌、真诚待客、动作规范麻利、话术流畅	5	
	协调能力	与小组成员、同学之间能合作交流，团队氛围融洽	5	

(续)

评价项目		评价标准	分值	得分
成果展示 （30%）	工作完整	能按时完成任务	5	
	工作规范	能按规范要求完成各个动作	5	
	成果展示	能说明增程器 20000km 需更换的零部件、作用、原因、价格、时长	20	
合计			100	

五 相关知识点

作为一名优秀的服务顾问，除了需要具备基本的礼仪和沟通技巧，还必须拥有扎实的专业基础知识。在面对客户进行维修或保养服务时，服务顾问能够清晰地向客户解释每一个零部件为何需要更换，以及更换这些零部件后能够带来的具体效果和好处。通过这样的专业解释，可以大大增强客户的信任感，使他们对服务顾问的建议或维修保养方案感到信服和满意。

（一）纯电动汽车保养

纯电动汽车的常规保养项目主要围绕三电系统、底盘、车身及内饰等方面展开。

1. 三电系统保养

（1）动力电池系统

1）外观及连接检查：查看动力电池外壳有无磕碰、变形、破损及漏液迹象，确保动力电池的固定螺栓连接紧固。检查动力电池连接线路有无松动、老化、破损现象，检查插头是否连接牢固，有无氧化、腐蚀现象。

2）性能检测：通过专业设备检测动力电池的电压、电流、容量、电阻等参数，评估动力电池的健康状态，查看是否存在动力电池不均衡等问题。使用动力电池诊断仪读取 BMS 中的故障码，检查 BMS 是否正常工作。

（2）电机系统

1）外观及安装检查：检查电机外壳有无损伤、裂缝，电机的安装螺栓是否连接紧固，有无松动、脱落风险。查看电机的散热风扇是否能正常运转，散热通道是否畅通，有无灰尘、杂物堵塞。

2）性能检测：检测电机的绝缘性能，确保电机绕组与外壳之间的绝缘电阻符合标准要求。使用专用工具检查电机的轴承间隙，判断轴承的磨损情况，如有异常磨损或松动，及时更换轴承。

（3）电控系统

1）外观及连接检查：检查电控系统各零部件（如逆变器、控制器等）的外壳有无损坏、变形，安装是否牢固。查看电控系统的连接线路和插头，确保无松动、破损、老化、接触不良和短路现象。

2）功能测试：使用诊断设备对电控系统进行功能测试，检查各控制模块是否能正常工作，通信是否顺畅，有无故障码。检测电控系统的散热性能，确保在工作过程中能有效散热，防止过热导致性能下降或故障。

2. 底盘保养

（1）底盘部件检查

查看底盘有无刮擦、变形、锈蚀等情况，重点检查动力电池底部、悬架系统、传动轴等零部件。检查悬架系统的减振器是否漏油，减振效果是否良好，螺旋弹簧有无变形、断裂。检查底盘的球头、拉杆、摆臂等零部件的橡胶衬套有无老化、破损，连接是否紧固。

（2）制动系统保养

检查制动盘的磨损程度，表面是否平整，有无裂纹、沟槽；检查制动片的厚度，一般当制动片厚度小于规定值时需要更换。检查制动液的液位是否在正常范围内，制动液是否变质、浑浊，含水量是否超标，必要时进行制动液的更换。

（3）轮胎检查

检查轮胎的磨损情况，测量胎纹深度，查看是否达到磨损极限标记；检查轮胎表面有无裂纹、鼓包、破损等损伤。定期进行轮胎换位，使各轮胎磨损更加均匀，延长轮胎使用寿命，同时检查轮胎气压，确保气压值符合车辆规定。

3. 车身及内饰保养

（1）车身外观检查

检查车身漆面有无划痕、褪色、起泡等问题，检查车窗玻璃有无破损、裂纹、明显划痕，车门、行李舱开关是否顺畅，密封条是否老化、损坏。

（2）内饰清洁与检查

对车内座椅、地毯、内饰面板等进行清洁，去除灰尘、污渍。检查座椅调节功能是否正常，安全带拉伸和锁止功能是否良好，车内各种按键、旋钮、开关是否灵敏，仪表板显示是否正常。

（3）空调系统保养

检查空调的制冷、制热效果是否良好，出风是否正常，有无异味。清洁空调滤清器，必要时进行更换，以保证车内空气质量。检查空调系统的制冷剂压力是否正常，有无泄漏情况。

4. 纯电动汽车保养的费用

纯电动汽车保养项目的收费标准会因车辆品牌、车型、保养项目以及地区等不同而有所不同，以下是一些汽车品牌的保养费用仅供参考，实际以当地门店的收费为准。

（1）特斯拉

1）基础保养：每10000km或12个月保养一次，费用约279.7元，主要包含车辆外观及灯光检查、轮胎检查与换位、车内系统检查、三电系统及底盘检查等。

2）制动液更换：制动液一般每 2 年或 40000km 左右检查一次并视情况更换，费用在 500 元左右。

3）空调滤清器更换：空调滤清器一般每 1～2 年或 20000km 左右更换一次，费用在 200～500 元。

（2）蔚来

1）基础保养：每 10000km 或 12 个月保养一次，费用在 300～500 元，包括车辆外观、底盘、三电系统等常规检查。

2）空气滤清器更换：空气滤清器更换周期通常为 20000km 左右，费用在 100～300 元。

3）齿轮油更换：齿轮油一般每 40000km 左右更换，费用在 500～800 元。

（3）比亚迪

1）基础保养：每 10000km 或 12 个月的基础保养费用在 200～400 元，主要进行常规检查。

2）火花塞更换：部分插电式混合动力汽车需要更换火花塞，一般每 30000～40000km 更换，费用在 300～600 元。

3）动力电池检测：在一些大保养项目中，会对动力电池进行深度检测，费用约 500～1000 元。

（4）小鹏

1）基础保养：每 10000km 或 12 个月的基础保养费用在 300～400 元，主要进行常规检查。

2）制动系统保养：制动系统保养视情况而定，一般每 20000～30000km 进行，费用在 800～1500 元，包括制动片、制动盘检查及可能的更换件等。

3）减速器油更换：减速器油一般每 30000～40000km 更换一次，费用在 400～600 元。

（二）油电混合动力汽车保养

油电混合动力汽车的保养内容既包含传统燃油汽车的部分，也有针对电动系统的特殊项目，以下是具体介绍。

1. 发动机及相关系统保养

（1）机油和机油滤清器更换

按照车辆使用手册的规定，定期更换机油和机油滤清器，以保证发动机的润滑和散热效果，一般每行驶 5000～10000km 或 6～12 个月更换一次，具体取决于车辆使用情况和机油类型。

（2）空气滤清器检查与更换

检查空气滤清器的堵塞情况，一般每 10000～20000km 或 12～24 个月视情况进行更换，确保发动机进气顺畅，提高燃烧效率。

（3）火花塞检查与更换

火花塞的更换周期一般在 30000～60000km，具体根据火花塞材质和车辆使用情况而定。定期检查火花塞的点火情况和电极磨损程度，确保发动机点火正常，动力输出稳定。

（4）燃油系统检查

燃油系统检查包括确认燃油管路是否泄漏、堵塞，喷油嘴是否喷油均匀等。一般每20000～40000km可进行一次燃油系统清洗，以保持燃油系统的清洁，提高燃油的经济性。

2. 电动系统保养

（1）电池系统检查

检查动力电池的外观有无磕碰、损坏，连接线路是否松动、老化。通过专业设备检测动力电池的电压、电流、容量、电阻等参数，评估动力电池的健康状态，查看是否存在动力电池不均衡等问题。一般每10000～20000km或12～24个月进行一次较为全面的动力电池系统检查。

（2）电机及控制系统检查

检查电机的外观及安装情况，确保电机外壳无损伤、安装螺栓紧固。检测电机的绝缘性能、轴承磨损情况等。对电机控制系统进行功能测试，检查各控制模块是否能正常工作，通信是否顺畅，有无故障码。通常每次保养时都要对电机及控制系统进行外观和基本功能检查，每20000～40000km可进行一次深度检测。

（3）底盘及制动系统保养

1）底盘零部件检查：查看底盘有无刮擦、变形、锈蚀，重点检查悬架系统、传动轴、半轴等零部件。检查悬架系统的减振器是否漏油，减振效果是否良好，螺旋弹簧有无变形、断裂。检查底盘的球头、拉杆、摆臂等零部件的橡胶衬套有无老化、破损，连接是否松动。一般每5000～10000km进行一次底盘零部件的全面检查。

2）制动系统保养：检查制动盘的磨损程度，表面是否平整，有无裂纹、沟槽；检查制动片的厚度，一般当制动片厚度小于规定值时需要更换。检查制动液的液位是否在正常范围内，制动液是否变质、浑浊，含水量是否超标，必要时进行制动液的更换，一般每2年或40000km左右检查并视情况更换制动液。

（4）其他保养项目

1）空调系统保养：检查空调的制冷、制热效果是否良好，出风是否正常，有无异味。清洁空调滤清器，一般每10000～20000km或12～24个月更换一次，以保证车内空气质量。检查空调系统的制冷剂压力是否正常，有无泄漏情况。

2）轮胎检查与换位：检查轮胎的磨损情况，测量胎纹深度，查看是否达到磨损极限标记；检查轮胎表面有无裂纹、鼓包、破损等损伤。定期进行轮胎换位，一般每10000～20000km更换一次，使整车轮胎磨损更加均匀，延长轮胎使用寿命，同时检查轮胎气压，确保轮胎气压符合车辆规定值。

3. 插电式混合动力汽车保养的费用

插电式混合动力汽车的保养费用因车型、保养项目、地区等不同而有所不同。以下是一些典型车型的保养费用仅供参考，实际以当地门店的收费为准。

1）比亚迪秦 PLUS DM-i：小保养费用一般在 300～500 元，主要是机油、机油滤清器的更换等项目。大保养费用为 1000～2000 元，会涉及火花塞、制动液、变速器油等的更换。

2）吉利星越 PHEV：小保养周期为 5000km 一次，小保养需要更换机油和机油滤清器，同时检查三电系统，费用大约在 800 元。

3）奇瑞瑞虎 8pro PHEV：首保为 5000km 或 6 个月；小保养约 500 元；大保养，官方建议每 2 年或 30000km 进行一次大保养，40000km 大保养更换防冻液、制动液等费用约 1000 元。

4）奇瑞瑞虎 9 混动版：首保为 5000km 或 6 个月；小保养约 650 元，保养间隔 5000km 或 6 个月；配件更换包括空气滤芯、空调滤芯 10000km 更换一次，制动液、防冻液 40000km 更换一次。

（三）增程式电动汽车保养

增程式电动汽车的保养项目主要分为三电系统保养、增程器保养、底盘及车身保养等，以下是具体介绍。

1. 三电系统保养

（1）动力电池系统

1）检查动力电池外观：查看动力电池外壳有无破损、变形、腐蚀，动力电池连接线是否松动、氧化，确保动力电池系统的物理完整性，防止出现漏电、短路等安全隐患。

2）检测动力电池性能：通过专业设备检测动力电池的容量、电压、电阻等参数，评估动力电池的健康状态，判断动力电池是否存在容量衰减、不均衡等问题，及时发现潜在故障。

3）软件升级：定期对 BMS 软件进行升级，优化动力电池的充放电管理策略，提升动力电池的性能和安全性，延长动力电池使用寿命。

（2）电机系统

1）检查电机外观及连接：查看电机外壳有无破损、渗漏油液，检查电机与传动轴、变速器等零部件的连接是否牢固，确保电机安装可靠、传动顺畅。

2）检测电机性能：测量电机的绝缘电阻、绕组电阻，检查电机的转速、转矩输出是否正常，排查电机是否存在异响、振动等异常情况，保证电机的动力输出稳定。

3）冷却系统检查：对于液冷电机，检查冷却液的液位、质量和冷却管路是否有泄漏，确保冷却系统正常工作，防止电机过热。

（3）电控系统

1）检查电控单元：查看 ECU 的外观有无损坏，连接插头是否松动，印制电路板是否有腐蚀、短路等问题，保证电控系统的信号传输和控制功能正常。

2）功能测试：对电控系统的各项功能进行测试，如能量回收、驱动控制、充电控制等，确保其能根据车辆的行驶状态和驾驶人的操作准确地控制电机和动力电池的工作。

2. 增程器保养

（1）发动机保养

1）更换机油和机油滤清器：按照规定的里程或时间间隔，更换机油和机油滤清器，以减少发动机内部零部件的磨损，保证发动机的润滑和散热性能。

2）空气滤清器更换：定期更换空气滤清器，防止灰尘、杂质进入发动机，避免影响发动机的进气量和燃烧效果，避免降低发动机的性能。

3）火花塞检查与更换：检查火花塞的电极磨损情况，根据使用情况和汽车生产厂家的建议，定期更换火花塞，确保发动机点火正常，燃烧充分。

4）发动机其他部件检查：检查发动机传动带、链条、散热器、冷却风扇等零部件的工作状态，确保发动机冷却、传动等系统正常运行。

（2）发电机保养

1）外观及连接检查：查看发电机的外观有无损坏，连接线是否松动、老化，确保发电机与发动机及其他电路系统连接可靠。

2）性能检测：检测发电机的输出电压、电流是否稳定，发电效率是否正常，保证发电机能够为动力电池和车辆用电设备提供稳定的电力。

3. 底盘及车身保养

（1）底盘零部件检查

1）悬架系统：检查悬架系统的减振器、螺旋弹簧、摆臂、球头等零部件是否有损坏、变形、松动，确保悬架系统的舒适性和操控性。

2）制动系统：检查制动片的厚度、制动盘的磨损情况，制动液的液位和质量，制动管路是否有泄漏情况，确保制动系统的性能可靠。

3）轮胎检查：检查轮胎的花纹深度、磨损程度、气压是否正常，轮胎表面有无破损、鼓包，定期进行轮胎换位和动平衡检测，延长轮胎使用寿命，保证行车安全。

（2）车身及内饰保养

1）车身外观检查：查看车身漆面有无划痕、腐蚀，车身结构有无变形、损坏，车门、车窗的密封条是否老化、损坏，保证车身的密封性和美观度。

2）内饰清洁与检查：清洁车内座椅、地毯、仪表板等内饰件，检查内饰件是否损坏、松动，车内电子设备如音响、导航、空调等是否正常工作。

4. 增程式电动汽车保养的费用

增程式电动汽车的保养费用因车型、保养项目、地区等不同而有所不同。以下是一些典型车型的保养费用仅供参考，实际以当地门店的收费为准。

（1）理想 L9

1）小保养：增程器发动机每 10000km 进行一次小保养，需更换机油等，小保养费用约 799 元。

2）大保养：每 20000km 进行一次大保养。40000km 时要更换火花塞，每次更换 4 个。空调滤芯需每 1 年或 20000km 更换。大保养约 929 元，每个火花塞 394 元，空调滤芯价格 238 元，油液和冷却液的保养费用分别是 730 元和 769 元。

（2）问界 M7

1）首保：提车后 3 个月或 5000km 进行一次免费保养，包括检查、添加机油、制动液、冷却液等。

2）常规保养：之后每 6 个月或 5000km 保养一次增程器机油，机油滤清器首次保养时更换，之后每 1 年或增程器每工作 10000km 更换一次。刮水片每 1 年或刮水器橡胶损坏时进行更换。车辆常规维护检查首次保养时进行一次，之后每 1 年或每行驶 10000km 进行一次。空气滤清器滤芯每 1 年或增程器每工作 10000km 进行检查清洁，每 2 年或增程器每工作 20000km 更换一次。空调滤芯每 1 年或每行驶 20000km 更换一次。火花塞每 3 年或增程器每工作 30000km 更换一次。增程器冷却液每 4 年或每行驶 100000km 更换一次，动力电池冷却液每 4 年或每行驶 100000km 更换一次，减速器润滑油每 5 年或每行驶 100000km 更换一次。

3）保养费用：常规保养费用每次在 500～1000 元。

（3）岚图 FREE 增程版

1）首保：车辆首保在 6 个月或者 5000km，增程器首保在 5000km。

2）常规保养：后续保养间隔周期则是 5000km 或者 6 个月，增程器下一次保养是在 15000km/2 年。常规保养需要定期更换机油三滤。

3）保养费用：不含空调滤芯的常规保养费用是 714 元，加上空调滤芯约 900 元。假设一年行驶 20000km，增程和纯电模式各半，3 年 60000km 保养总费用约 4000 元，年均约 1333 元。

（4）深蓝 S07

1）首保：首保 2500km。

2）常规保养：其后保养周期为 5000km/ 次。汽油滤清器（也称作汽油滤芯）和空气滤清器交替更换周期为 10000km，在 27500～52500km 集中进行各项油液的更换。包含机油/机油滤芯更换的常规小保养周期为 10000km、空调滤芯为 10000km、空气滤芯为 20000km、汽油滤芯为 30000km，而火花塞首次保养为 40000km/ 二次保养为 20000km、防冻液首次保养为 20000km/ 二次保养为 40000km。

3）保养费用：每次保养价格均价在 380 元左右，前三年综合保养成本约为 7332 元、平均约为 2444 元/ 年。

（5）吉利星越 L 增程电动版

1）首保：5000km 或 6 个月。

2）常规保养：之后保养间隔每 5000km/ 次。

3）保养费用：3 年/60000km 总保养费用约 4200 元，每年保养花费约 1400 元。

（四）部分保养零件介绍

1. 机油

机油，也称作发动机润滑油（Engine Oil）。机油密度大约为 0.91kg/L，它在发动机中扮演着至关重要的角色。机油的主要功能包括提供润滑、减少磨损、帮助冷却和降低温度、确保密封以防止泄漏、保持清洁、防止锈蚀和腐蚀以及提供减振和缓冲作用，因此它被形象地称为汽车的"血液"。

机油由两大部分组成：基础油和添加剂。基础油构成了润滑油的主要部分，它决定了润滑油的基本特性。而添加剂则用于补充和改善基础油在性能上的不足之处，并且能够赋予润滑油一些新的性能，因此添加剂是润滑油中不可或缺的重要组成部分。

在市场上，根据基础油的不同，机油可以简单地分为矿物油和合成油两大类（由于植物油的产量相对较少，通常不将其计入主要分类）。在合成油的范畴内，又可以进一步细分为全合成油和半合成油。基础油主要分为两大类：矿物基础油和合成基础油。矿物基础油因其广泛的应用和大量的需求（大约占95%以上）而被广泛使用，但在某些特定的应用场合中，必须使用由合成基础油调配而成的产品。

机油的级别划分有两种方式：按黏度划分、按质量等级划分。美国汽车工程师协会（SAE）按机油的黏度等级划分为：5W-20、5W-30、5W-40、5W-50、10W-20、10W-30、10W-40、10W-50、15W-20、15W-30、15W-40、15W-50、20W-20、20W-30、20W-40、20W-50，符号W代表冬季，W前的数字越小，其低温黏度越小，低温流动性越好，适用的最低气温越低；W后的数字代表机油在100℃时的运动黏度，数值越高说明黏度越高。美国石油协会（API），按机油的质量级别划分为：汽油发动机用油和柴油发动机用油两大类。"S"开头系列代表汽油发动机用油，规格有：SA、SB、SC、SD、SE、SF、SG、SH、SJ、SL、SM、SN。"C"开头系列代表柴油发动机用油，规格有：CA、CB、CC、CD、CE、CF、CF-2、CF-4、CG-4、CH-4、CI-4。当"S"和"C"两个字母同时存在，则表示此机油为汽柴通用型。

目前，在我国的汽车发动机机油市场里，既有国外品牌的进口机油，也有自主品牌的机油。进口的机油主要有嘉实多、美孚、壳牌、道达尔、埃索、加德士等，自主品牌的主要有长城、昆仑、统一等。

2. 机油滤清器

机油滤清器，又称机油格。用于过滤去除机油中的灰尘、金属颗粒、碳沉淀物和煤烟颗粒等杂质，保护发动机，需与机油同时更换。

3. 空调滤清器

空调滤清器，俗称花粉滤清器，汽车空调滤清器的作用是：过滤从外界进入空调系统的空气使空气的洁净度提高，一般的过滤物质是指空气中所包含的杂质，如微小颗粒物、花粉、细菌、工业废气和灰尘等，净化空气并阻挡过敏源，一般建议10000km更换一次。

4. 空气滤清器

发动机在工作过程中要吸进大量的空气，如果空气不经过空气滤清器，空气中悬浮的尘埃被吸入气缸中，就会加速活塞组及气缸的磨损。空气滤清器主要是过滤空气中的杂质，当空气滤芯积累太多杂质时，发动机会出现进气不足、过滤效果变差、耗油增加等现象，从而缩短发动机使用寿命。一般每行驶15000～20000km或1年左右更换一次，常在多尘、风沙大或空气质量差的地区行驶应缩短至每 10000km 甚至更短里程更换一次。

5. 火花塞

火花塞，俗称火嘴，它的作用是把高压导线（火嘴线）送来的脉冲高压电放出，击穿火花塞两电极间空气，产生电火花以引燃气缸内的混合气体。按照电极材料来分，可分为普通火花塞、单铂金火花塞、铱金火花塞、铱铂金火花塞、双铱金火花塞。不同的火花塞的使用寿命不同。

1）普通火花塞的寿命为 40000km，建议不要超过 40000km，否则点火效能下降，导致发动机功率下降。

2）单铂金火花塞的寿命为 50000～80000km，需定期更换，单铂金火花塞性能下降表现为阳极正常，阴极烧蚀，点火间隙变化等。

3）铱金火花塞的寿命为 50000km，性能下降时表现为阴极烧蚀，造成点火间隙变化与稳定性下降。

4）铱铂金火花塞的寿命 80000～100000km，性能下降时通常表现为陶瓷绝缘部分老化，出现漏气现象而导致缸压下降，动力不足，勉强使用油耗加大，效能更差。

5）双铱金火花塞的寿命理论上超过 100000km，是目前性能最好的火花塞，具有点火迅速、动力强劲、寿命较长的特点。

6. 冷却液

冷却液，全称为防冻冷却液，意为有防冻功能的冷却液，防冻液可以防止寒冷季节停车时冷却液结冰而胀裂散热器和冻坏发动机气缸体，应全年能使用。冷却液由水、防冻剂、添加剂组成，具有冬季防冻、防腐蚀、防水垢、高沸点（防开锅）的作用。在我国，冷却液按冰点分为 –25 号、–30 号、–35 号、–40 号、–45 号和 –50 号六个牌号。防冻液更换的周期是比较长的，有的是 2 年 40000km、有的是 4 年 80000km，甚至还有更长的 160000km，根据车主使用手册按时更换即可。

7. 动力电池冷却液

动力电池冷却液的作用主要包括热管理和保护部件两方面，动力电池充放电过程中会产生大量热量，动力电池冷却液能及时带走热量防止动力电池过热，确保其在适宜的温度范围内工作，避免因高温导致动力电池性能下降、寿命缩短甚至出现安全问题，同时在低温环境下还能为动力电池提供一定的热量，防止动力电池温度过低，减少低温对动力电池容量和充放电效率的影响，此外，冷却液中添加的缓蚀剂等成分可在动力电池金属部件表面形成保护膜，防止对动力电池、冷却管道、水泵等金属部件产生腐蚀，还能抑制冷却系统中水垢的形成，保持冷却管道通畅，保证散热效果；一般情况下大多数新能源汽车的更换周期为 2 年或 40000km 左右，以先到者为准，但如果车辆使用环境恶劣，如长期在高温、高湿度或高腐蚀性环境中行驶，或者动力电池冷却液检测指标出现冰点升高、pH 值超出正常范围、电导率异常等情况，就应适当缩短更换周期，可能需提前至 1 年或 20000km 左右进行更换，实际使用中可参考车主使用手册并定期对动力电池冷却液进行检查来确定是否需要更换。

8. 制动液

制动液也称作刹车油或刹车液，用于在汽车液压制动系统中传递压力，使车轮制动器实现制动作用的一种功能性液体。其是制动系统中不可缺少的部分，在制动系统中作为力传递的介质，因为液体是不能被压缩的，所以从总泵输出的压力会通过制动液直接传递至分泵。

制动液是汽车制动系统至关重要的安全用品，极易吸收空气中的水分，在使用一段时间后会出现沸点降低、氧化变质的情况，很容易导致制动系统在紧急制动的情况下失效。汽车生产厂家对它的更换周期一般都规定为 2 年 40000km，同时注意不同类型和不同品牌的制动液不要混合使用。美国联邦政府运输部（DOT），将制动液分为 4 类：DOT3、DOT4、DOT5 和 DOT5.1，目前汽车上大部分都是使用 DOT4。

任务二 推荐产品技巧

一 任务描述

客户委托：希望向客户的插电式混合动力汽车推荐合适的养护项目、精品。

任务描述：根据客户车辆里程数推荐合适的养护项目；发掘客户的需求，推荐合适的精品。

二 行动目的

实施步骤	素质	技能	知识
1. 认识养护项目	一丝不苟的工作态度、诚信地对待客户	能专业地完成客户接待	常用的养护项目作用
2. 认识精品			常见的精品作用
3. FABE推荐合适的养护项目、精品			FABE法则

三 行动步骤

1. 认识养护项目

（1）润滑系统清洗
润滑系统的作用：_____
用久之后会怎么样：_____
清洗之后的好处：_____
建议清洗周期：_____
（2）燃油系统养护
1）喷油嘴清洗。
喷油嘴用久之后会怎么样：_____
清洗之后的好处：_____
建议清洗周期：_____

2）燃烧室清洗。

燃烧室用久之后会怎么样：_____

清洗之后的好处：_____

建议清洗周期：_____

3）节气门清洗。

节气门用久之后会怎么样：_____

清洗之后的好处：_____

建议清洗周期：_____

（3）空调系统养护

空调系统用久之后会怎么样：_____

清洗之后的好处：_____

建议清洗周期：_____

2. 认识精品

名称：_____
作用：_____

名称：_____
作用：_____

名称：_____
作用：_____

3. 发掘客户需求

（1）显性需求
1）当客户车上有儿童安全座椅，可以推荐的养护项目有：_____
2）当客户车辆有外观改装痕迹时，可以推荐的精品有：_____
3）当客户车辆排气管出现刮伤时，可以推荐的精品有：_____
（2）隐性需求
1）根据客户的驾驶习惯，可以推荐的养护项目有：_____
2）根据客户的驾驶环境，可以推荐的养护项目有：_____
3）根据客户的性别、年龄，可以推荐的养护项目有：_____
4）车辆外观方面可以推荐的精品有：_____
5）车内区域可以推荐的精品有：_____
6）底盘区域可以推荐的精品有：_____
7）科技方面可以推荐的精品有：_____

4. FABE 法则

F 代表：_____
_____

A 代表：_____
_____

B 代表：_____
_____

E 代表：_____
_____

5. FABE 法则推荐节气门清洗、底盘装甲，请把话术写出来

节气门清洗推荐话术：_____
_____
_____
_____
_____

底盘装甲推荐话术：_____
_____
_____
_____
_____
_____
_____

四 评价及总结

1. 学生自我评价表

评价项目	评价标准	分值	得分
养护项目的认识	能说出润滑系统清洗、喷油嘴清洗、燃烧室清洗、空调系统清洗的作用	20	
精品的认识	能说出行车记录仪、儿童安全座椅、电动踏板的作用	15	
FABE 法则	能说出 FABE 法则分别代表的含义	5	
FABE 推荐产品	按 FABE 法则推荐一个精品、一个养护项目	20	
工作态度	态度端正、未出现无故迟到、早退、旷课现象	10	
工作质量	能按工作页要求完成工作任务	10	
职业素养	能运用 FABE 法则进行合理的推荐产品	10	
协调能力	与小组成员、同学之间能合作交流，团队氛围融洽	10	
合计		100	

2. 教师评价表

评价项目		评价标准	分值	得分
考勤（10%）		未出现无故迟到、早退、旷课现象	10	
工作过程（60%）	养护项目、精品的认识	能说出养护项目、精品的作用	10	
	FABE 法则	能说出 FABE 法则分别代表的含义	20	
	仪容仪表	着装得体、头发干净、符合礼仪要求、精神饱满、面带笑容	5	
	工作态度	态度端正、认真、主动	10	
	工作质量	能按工作页要求完成工作任务	5	
	职业素养	精神饱满、礼貌、真诚地向客户推荐产品	5	
	协调能力	与小组成员、同学之间能合作交流，团队氛围融洽	5	
成果展示（30%）	工作完整	能按时完成任务	5	
	工作规范	能按规范要求完成各个动作	5	
	成果展示	FABE 法则推荐一个养护项目、一个精品	20	
合计			100	

五 相关知识点

当客户的车辆进入维修保养车间时,服务顾问除了要确保完成所有常规的保养项目,还应该具备敏锐的洞察力和良好的沟通技巧,从客户的角度出发,深入挖掘客户车辆可能存在的额外养护需求以及对各类汽车精品的潜在需求。通过这种细致入微的服务,我们不仅能够为客户带来切实的便利,提升客户的满意度和信任度,同时也能有效地增加我们自身的产值和业务范围,实现双赢的局面。

1. 认识养护项目

为了确保客户的车辆能够保持最佳的性能状态,插电式混合动力汽车的生产厂家们设计了一系列的车辆养护产品。这些产品覆盖了车辆的多个关键部位,以确保各个系统都能得到恰当地维护和保养。例如,在发动机部分,有专门的润滑系统养护剂、发动机清洗剂、发动机保护剂、燃油系统养护方案、燃油添加剂和节气门清洗剂等。这些产品能够帮助保持发动机的清洁和润滑,从而延长其使用寿命并提高燃烧效率。

对于车辆底盘部分,汽车生产厂家们也提供了多种保护和清洁产品,包括防尘套保护剂、底盘除锈防锈剂、制动系统清洗剂和制动系统保护剂等。这些产品能够有效防止底盘件因外界环境影响而生锈或损坏,确保车辆在行驶过程中实现安全和稳定。

车身部分同样重要,也有一系列的养护产品,如车身除锈防锈剂、铰链养护剂、密封条润滑保护剂等。这些产品能够帮助车身抵御恶劣天气的侵蚀,保持车身的安全和美观。

此外,对于车辆电器设备部分,也有专门的线路清洗剂、线路防氧化保护剂和动力电池头清洗产品。这些产品能够确保车辆的电气系统运行顺畅,避免因氧化或污垢积累导致的故障。

通常情况下,对这些养护产品的使用建议是根据车辆的行驶里程来决定的。随着车辆行驶里程的增加,各个零部件的磨损程度也会有所不同,因此需要定期进行相应的养护。以下是推荐的养护要点:

(1)润滑系统养护

一般是进行润滑系统的清洗,将润滑系统清洗剂倒入旧机油中,怠速运转10~15min,能迅速清除发动机内部及润滑油路的胶质、油泥、漆膜等沉淀物,随旧机油一起放出来,然后再加入新机油,从而保证新机油的纯净度。一般是10000km清洗一次,清洗后能提升车辆动力、降低油耗、降低使用成本。

(2)燃油系统养护

一般包括喷油嘴的清洗和燃烧室的清洗,喷油嘴和燃烧室用久之后会有积炭产生,加上燃油本身有一定的杂质,长期不清洗容易造成喷油嘴堵塞,影响发动机的排放和动力。清洗喷油嘴后,能实现精准喷油,提升动力、节省燃油。清洗燃烧室的积炭,能防止活塞环卡死,去除气缸内顽固积炭和胶质,解决因积炭引起的故障,均衡气缸压力,提升动力，节约燃油。一般建议 10000km 清洗一次。

（3）节气门的清洗

主要是清除节气门杂质，碳润滑节气门轴，提升节气门灵敏度，解决汽车急速不稳、加速不良的现象，改善油耗，提升动力。一般建议 20000km 清洗一次。

（4）空调系统清洗

清洗附着在空调系统蒸发器上的各种脏污，杀菌消毒，去除霉味、腐臭，保持车内空气清新、洁净。一般建议 10000km 清洗一次。

（5）制动系统养护

制动系统养护主要是清洁制动盘、制动片和制动钳，其中润滑制动轮缸和轮缸连接轴，可有效保持轮缸成套柔软，防止腐蚀、延长轮缸寿命。再用耐高温保护剂涂在制动片的背后，长效持久润滑，防止制动被咬死，容易拆卸。最后将具有良好润滑性能的消音脂涂在轴头的位置，能防止烧结，实现拆卸自如。制动系统养护能保证良好的制动性能，提高行驶安全性，一般建议 20000km 做一次。

在汽车服务行业中，养护项目扮演着至关重要的角色，它们是服务顾问创造产值的关键途径。因此，服务顾问必须具备敏锐的洞察力和丰富的专业知识，以便根据客户的续驶里程推荐恰当的养护项目。不仅如此，服务顾问还应具备挖掘客户潜在需求的能力，这需要在与客户的日常交流中，通过细致入微地倾听和观察，准确捕捉到客户未明确表达的需求。例如，当客户提到他们经常需要驾车前往工地，服务顾问应迅速分析出这样的行车环境可能会对车辆造成额外的磨损。基于此，当客户的车辆按预约进 4S 店进行保养时，服务顾问可以适时地向客户推荐空调系统的杀菌和清洗服务，以确保车辆内部环境的清洁和健康。同样地，在车辆的环车检查过程中，如果服务顾问发现车上有小朋友吃东西留下的食物残渣，导致车内出现异味，这同样是一个推荐空调杀菌清洗服务的良机。通过这样的细致服务，不仅能提升客户的满意度，还能增加服务顾问的附加值。

2. 认识精品

汽车精品是指为提升汽车性能、舒适性、美观性或个性化而设计和销售的附加产品或服务。它们通常不属于汽车的标准配置，但可以为车主提供更好的驾驶体验或满足个性化需求。

比较常见的有玻璃贴膜、隐形车衣、行李架、电动踏板、行车导航、行车记录仪、发动机下护板、底盘装甲等。

1）在进行车辆检查的过程中，如果服务顾问注意到客户的车辆底盘存在轻微的磕碰痕迹，那么可以向客户推荐进行底盘装甲的升级，这样的防护措施能够有效地保护底盘，避免在行驶过程中由于路面不平或石子飞溅而造成损伤。

2）同样地，如果发现油底壳部位有磕碰的痕迹，服务顾问可以建议客户安装发动机下护板，这不仅能够保护发动机底部免受撞击，还能在一定程度上提高车辆的通过性和安全性。

3）对于那些驾驶大型 SUV 的车主，尤其是那些身高较矮的车主，服务顾问应当具备敏锐的观察力，能够发现他们在上下车时可能遇到的困难。在这种情况下，可以向他们推荐安装电动踏板，这不仅能够为上下车提供便利，还能增加车辆的豪华感。

4）此外，电动尾门也是一个很好的推荐选项，它能够使开关行李舱变得更加轻松，特别是对于携带重物或有小孩的车主，这样的配置无疑是一个贴心的便利功能。

总而言之，服务顾问在与客户的互动中，需要具备较高的敏感度和洞察力，善于从细节中发掘出客户潜在的需求，从而提供更加个性化和贴心的服务。

3. FABE 法则

当向客户推荐一件商品时，如果只是说明这件商品的优点，哪怕吹得天花乱坠，客户也不一定会买单，因为客户往往会关注这件商品能给自己带来什么价值，只有说到客户的需求上，才能打动客户。因此在推荐产品的过程中，要注意运用一定的技巧，往往会运用到 FABE 法则，FABE 是销售理论中一个很重要的话术法则，它提供了一个向客户介绍商品的话术逻辑，通过该法则，可以将产品的属性、作用与客户获得的益处结合起来，并用证据证明，促使客户购买产品。

1）F 代表特性（Feature），指产品或服务所具有的客观属性和特点，是产品或服务本身所固有的、可以用感官直接感知或通过技术参数等方式来表明的特性。如对于一部智能手机来说，它的特征包括采用了某型号的处理器、具备特定像素的摄像头、拥有一定尺寸和分辨率的屏幕、采用某种材质的机身等。

2）A 代表优势（Advantage），指产品或服务的特征所带来的相对优势，即与竞争对手的产品或服务相比，所具有的独特之处或更好的表现，是产品或服务能够在市场上脱颖而出的关键因素。如智能手机采用的某型号处理器，可能具有更高的运算速度和更低的能耗，相比同类型手机，在多任务处理时更加流畅，电池续航时间也更长，这就是该手机在处理器方面的优势。

3）B 代表利益（Benefit），指产品或服务的优势能够为客户带来的实际价值，是客户购买产品或服务的核心驱动力，强调的是产品或服务如何满足客户的需求、解决客户的问题或提升客户的生活质量、工作效率等。如对于经常使用手机处理工作的客户，智能手机处理器的优势能让他们在工作时体验更流畅，不会因卡顿而影响心情，能快速完成各种任务，提高工作效率、节省时间，这就是产品优势为客户带来的利益。

4）E 代表证据（Evidence），指用来支持产品或服务具有所宣称的特征、优势和能给客户带来利益的各种证明材料和案例，以增强客户对产品或服务的信任和认同感，使客户更愿意购买。可以是产品的检测报告、客户评价、销量数据、权威机构的认证、成功案例等。如智能手机可以展示专业机构的性能测试报告，证明其处理器的高性能；还可以列举一些客户的好评截图，说明客户在使用过程中确实体验到了产品所带来的各种好处。

练习：利用FABE法则推销行车记录仪。

F（特性）	高清拍摄：配备高像素图像传感器，能够实现1080P甚至4K的超高清视频录制，可清晰捕捉道路上的各种细节，如车牌号码、道路标识、周边环境等 广角镜头：拥有120°～150°的广角镜头，能够覆盖更广阔的视野范围，减少拍摄盲区，完整记录车辆前方及两侧的路况信息 循环录制：支持循环录制功能，当存储卡存储空间满后，会自动覆盖最早的视频文件，确保行车记录的连续性，不会因存储空间不足而中断录制 重力感应：内置重力传感器，当车辆发生碰撞或剧烈振动时，能够自动锁定当前视频文件，防止被循环录制覆盖，以便为事故处理提供证据
A（优势）	高清优势：与普通行车记录仪相比，超高清的录制效果能在各种光线条件下提供更清晰、更准确的画面，无论是白天的强光还是夜晚的弱光环境，都能保证拍摄质量，让路况细节无处遁形 广角优势：更大的广角镜头能够比一般行车记录仪拍摄到更多的场景，减少因视角狭窄而错过重要信息的情况，在复杂路况或多车并行时，能更全面地记录现场状况 循环优势：循环录制功能使行车记录仪无须人工频繁干预，能够持续稳定地工作，确保始终有最新的行车记录保存下来，避免了因忘记更换存储卡或清理空间而导致录制中断的问题 重力感应优势：重力感应的灵敏度高，能够在事故发生的瞬间迅速做出反应，准确锁定关键视频，为车主在处理交通事故、保险理赔等方面提供有力的证据支持 停车优势：停车监控功能让行车记录仪在车辆停放时也能发挥作用，相当于为车辆安装了一个24h的"警卫员"，有效记录了刮擦、碰撞等恶意行为，为车主解决了停车安全的后顾之忧
B（利益）	安全保障：对于车主来说，高清、广角的拍摄以及准确的事故记录功能，能够在发生交通事故时，清晰地还原事故现场，明确责任划分，为车主维护自身合法权益提供有力依据，避免不必要的纠纷和损失 便捷省心：循环录制和智能的重力感应、停车监控功能，无须车主手动操作和过多操心，设备能够自动完成录制和重要视频的保存工作，使用起来非常便捷，让车主可以专注于驾驶，享受更安心的行车体验 财产保护：停车监控功能有助于发现车辆在停车期间遭受的损坏或盗窃行为，为追查肇事者提供线索，降低车辆受损的风险，保护车主的财产安全，减少因车辆被破坏而带来的经济损失
E（证据）	检测报告：提供专业机构的检测报告，证明行车记录仪的拍摄清晰度、广角范围、重力感应灵敏度等各项性能指标均符合或超过行业标准 客户评价：展示大量客户的好评截图和反馈，如"这款行车记录仪太好用了，画面清晰、广角大，上次我的车被剐了，全靠它记录下了肇事者，顺利解决了问题"等，以证明产品的实际使用效果和可靠性 销量数据：公布产品的销量数据和市场占有率，显示产品在市场上的受欢迎程度和认可度，如"连续三个月荣登行车记录仪销量排行榜榜首，市场占有率超过30%" 认证证书：出示相关的质量认证证书、专利证书等，如质量管理体系认证（ISO 9001）、高清拍摄技术专利等，增强产品的可信度和专业性

FABE 法则也可以总结为销售四诀：

复杂的问题简单化	简单来说……（一两个特征）
简单的问题通俗化	特别适合您……（赞扬、不浮夸）
通俗的问题利益化	您用了它之后……（对应第一句）
利益的问题案例化	举个例子……（举人、举事）

用销售四诀向客户推荐行车记录仪：

复杂的问题简单化	简单来说，这款行车记录仪有高清录制和智能碰撞感应两大突出特点。它配备了高像素镜头，能清晰捕捉行车画面，遇到突发情况，智能碰撞感应会自动锁定关键视频
简单的问题通俗化	特别适合您这样注重行车安全、谨慎驾驶的车主
通俗的问题利益化	您用了它之后，开车更安心，一旦遇到交通事故，能凭借清晰的行车记录快速明确责任，避免不必要的麻烦
利益的问题案例化	举个例子，上个月有位私家车主陈先生，在路上被后车追尾，因为行车记录仪清晰记录了事发经过，快速解决了事故纠纷，顺利拿到理赔，他对这款行车记录仪称赞有加

向没有电动尾门的客户推荐电动尾门：

复杂的问题简单化	简单来说，电动尾门有着操作便捷和智能感应两个突出特征。只需轻轻一按按钮或者用脚在车尾下方轻轻一扫，尾门就能自动开关
简单的问题通俗化	特别适合您这种生活节奏快，追求高效便捷出行的车主
通俗的问题利益化	您用了它之后，无论是手上拎满了购物袋，还是抱着孩子，都能轻松开关尾门，完全不用再手忙脚乱
利益的问题案例化	举个例子，像隔壁小区的王女士，之前每次购物回来，双手都被各种物品占满，开尾门特别费劲。装了咱们这款电动尾门后，脚一扫就能开启尾门，放置物品轻松又方便，现在逢人就夸这款电动尾门买得太值了

任务三
制作工单

一 任务描述

客户委托：能对本次维修项目制作工单以便保障客户的利益。
任务描述：根据客户车辆的维修保养内容制作工单，以便顺利派工维修。

二 行动目的

实施步骤	素质	技能	知识
1. 制作工单	一丝不苟的工作态度、诚信地对待客户	能制作任务工单并打印向客户解释	工单的内容
2. 解释工单			项目、价格
3. 休息引导			休息区功能介绍

三 行动步骤

1. 了解维修工单

维修工单，也被称作估价单、派工单、施工单、任务委托书等，这主要取决于不同的经销商和地区的习惯用语。然而，无论其称呼如何变化，它始终是客户与经销商之间建立的一种书面形式的具有法律约束力的合同文件。在维修工单中，会详细记录客户的基本信息，包括但不限于姓名、联系方式、地址等，同时也会记录客户的车辆信息，如车牌号码、车型配置、VIN 等关键数据。

此外，维修工单上还会准确地反映客户的原话，即客户描述的车辆问题和需求，以及服务顾问根据客户描述给出的专业意见和建议。所有这些信息都是在客户明确同意并授权的情况下记录的，确保了信息的准确性和合法性。维修工单通常一式三份，确保双方各持有一份作为记录和凭证，其中一份会交给客户，作为客户提车时的重要凭证。

×服务中心
维修工单号：

维修工单

基本信息

客户姓名：　　　　　送修人姓名：　　　　　客户地址：
客户电话：　　　　　送修人电话：
车牌号码：　　　　　VIN：　　　　　　　　剩余油量：　　　　　行驶里程：
车型配置：　　　　　发动机号：　　　　　　剩余电量：　　　　　购车日期：
开单时间：　　　　　预计交车时间：　　　　服务顾问：

工单信息

洗车：　　　　　　　旧件带走：　　　　　　送车服务：　　　　　发票需求：
充电：　　　　　　　出库方式：

工单备注

项目列表

结算类型：自费　　　项目金额：　　　　　　应付费用：
工时　　　　　　　　工时名称　　　　　　　单价　　　　　　　　数量　　　　　小计
零件　　　　　　　　零件名称　　　　　　　单价　　　　　　　　数量　　　　　小计

总计结果

项目合计费用：　　　优惠合计费用：　　　　应付合计费用：

免责声明

　　本人同意×汽车维修中心依据本维修工单所列之维修项目进行诊断和/或维修。愿意在提车前支付相关的零件、工时、油料、税务等费用。本人亦认知该车辆在×汽车维修中心场所内将得到妥善保管，如因×汽车维修中心无法控制之原因而造成之意外损失，×汽车维修中心不需负责。车内无现金或贵重物品，其他车内物品已妥善处理，如有丢失，×汽车维修中心不需负责。×汽车维修中心不需保存废旧零件，维修过程中，根据工项需要，场外路试，不再另行通知。

客　　户　　　　　　　　　　　　　　　　　服务顾问
签　　名：_____　　　　　　　　签　　名：_____
签字日期：___年___月___日　　　　　　　　签字日期：___年___月___日

项目五　制作工单

2. 了解费用组成

材料费：_____

工时费：_____

3. 人文关怀

制作维修工单过程中涉及的人文关怀	话术
旧件处理方式	
是否需要免费洗车	
是否在店等待	

4. 打印并解释工单

服务顾问将客户车辆本次保养维修内容、包含推荐的精品和养护项目一起录入电脑，生成维修工单并打印出来，解释的时候，维修工单需_____面向客户，解释的内容包括：_____、_____、_____。

注意：要向客户说明检查车辆故障可能会产生的费用，以及检查过程中如果发现新增项目，会取得客户授权后再进行。

5. 客户核对并签字确认，并把客户联交给客户作为提车凭证，请把话术写下来

_____

6. 休息引导

1）4S 店休息室常见的功能有_____。

2）如果休息室在二楼，引导客户上楼时_____走前面，_____走后面，下楼时则相反。

3）提醒客户不要_____进入车间。

4）向客户说明在休息过程中会汇报_____。

四 评价及总结

1. 学生自我评价表

评价项目	评价标准	分值	得分
人文关怀	询问旧件处理方式、是否需要免费洗车、是否在店等待	15	
解释维修工单	能解释各零部件的预估价格、工时费、花费时长及可能产生的费用	30	
休息引导	能说休息室至少三个功能及注意事项	15	
工作态度	态度端正、未出现无故迟到、早退、旷课现象	10	

(续)

评价项目	评价标准	分值	得分
工作质量	能按工作页要求完成工作任务	10	
职业素养	能完成维修工单的解释，并引导客户休息	10	
协调能力	与小组成员、同学之间能合作交流，团队氛围融洽	10	
合计		100	

2. 教师评价表

评价项目		评价标准	分值	得分
考勤（10%）		未出现无故迟到、早退、旷课现象	10	
工作过程（60%）	人文关怀	询问旧件处理方式、是否需要免费洗车、是否在店等待	10	
	解释维修工单	能解释各零部件的预估价格、工时费、花费时长及可能产生的费用	20	
	仪容仪表	着装得体、头发干净、符合礼仪要求、精神饱满、面带笑容	5	
	休息引导	能说休息室至少三个功能及注意事项	10	
	工作质量	能按工作页要求完成工作任务	5	
	职业素养	精神饱满、礼貌、真诚向客户推荐产品	5	
	协调能力	与小组成员、同学之间能合作交流，团队氛围融洽	5	
成果展示（30%）	工作完整	能按时完成任务	5	
	工作规范	能按规范要求完成各个动作	5	
	成果展示	完成维修工单解释并引导休息	20	
合计			100	

五 相关知识点

1. 制作维修工单

维修工单是客户与4S店之间确立书面的具有法律效力的合同文件，它不仅记录了客户和车辆的基本信息，而且详细列出了本次维修项目、需要更换的零配件、预计的维修费用以及预估的维修时间。这份文件对于维修技师来说是完成作业的重要依据，同时它也是到配件部领取所需零配件的关键凭证。因此，为了确保维修工作的顺利进行和保障客户权益，维修工单上必须有客户亲笔签名，以证明客户对维修内容和费用的认可。

2. 解释维修工单

在制作维修工单的过程中，服务顾问首先需要与客户进行口头沟通，详细说明维修项目、零配件的价格以及预计的维修时长。在客户对这些信息没有异议的情况下，服务顾问会使用电脑上的 DMS 将相关信息准确无误地录入系统。在录入过程中，服务顾问需要特别注意勾选几个关键选项，如客户是否希望享受免费洗车服务、是否需要保留更换下来的旧零配件，以及客户是否选择在 4S 店内等待维修完成。完成这些步骤后，服务顾问会将维修工单打印出来，并向客户逐项解释清楚，确保整个流程的透明度，让客户能够清楚地了解自己的消费内容，双方从而建立起良好的信任关系，提高客户的满意度。

此外，服务顾问对维修保养所需时间的准确估计对于提升客户对企业服务的满意度至关重要。如果实际的作业时间远远超出了服务顾问的预估时间，这可能会导致客户失去耐心，感到不满，进而影响到客户对维修保养服务的整体评价。

话术如下："× 先生，您看一下，这是本次 20000km 保养的维修工单，更换机油 × 元、机油滤清器 × 元、空气滤清器 × 元、空调滤清器 × 元，20000km 保养工时费 × 元，本次保养预计需要花费 1.5h，现在是 × 点 × 分，预计 × 点 × 分可以交车，您看有什么疑问吗？"

注意：如果涉及检查客户反映的故障，不能预估具体的价格，只能跟客户解释清楚。如"× 先生，至于检查制动异响的问题，等维修技师检查出来后，如果有费用产生，我再当面跟您解释清楚，取得您的授权后才会进行维修，请您放心。"

解释完维修工单的内容后，请客户核对签字，并把客户联交给客户，作为提车凭证。

3. 休息引导

当客户需要在 4S 店等待时，我们应当采取主动的态度，引导他们前往休息室进行等待。在客户到达休息室后，服务顾问应该详细介绍休息室的各项设施和服务，以便客户能够充分利用这些资源，享受舒适的等待时间。为了确保客户在休息期间不会感到焦虑或不安，服务顾问需要特别提醒客户，出于安全考虑，尽量不要独自进入车间查看他们车辆的维修进度。服务顾问要确保及时向客户汇报车辆的维修情况，这样客户就可以在休息室安心地等待，无须担心车辆的维修状态。具体的话术可以是："尊敬的 × 先生，为了您的安全考虑，我们建议您不要单独进入车间，因为那里车辆频繁移动，存在一定的安全隐患。请您放心，我们会随时向您更新维修进度，确保您对车辆的情况了如指掌，您只需在休息室中舒适地等待即可。"

当客户决定外出处理其他事务时，服务顾问有责任再次与客户确认其联系方式、预计的维修时间以及客户计划来取车的具体时间。在此过程中，服务顾问应以礼貌和专业的方式送别客户。为了确保沟通顺畅，服务顾问可以使用以下话术："× 先生，根据我们的预计，本次保养大约需要 1.5h。一旦保养工作完成，我们会立即通知您，以便您能够及时来取车。请问您的联系电话还是之前提供的号码 × 吗？请您放心，在维修过程中，如果出现任何问题或需要您做进一步的决定，我们都会立即与您取得联系，确保您随时掌握车辆的维修进度。"

六 制作工单实操考核评分表

评分环节	评分依据	分值	得分
形象	仪容整洁、着正装，正装熨平	2	
引至前台	引导客户到维修接待前台入座，手势、引导位正确	2	
	询问客户需要什么茶水（罗汉果、菊花茶、柠檬水……）	3	
	上茶水礼仪正确	3	
核对信息	利用电脑核对信息：车牌号码、车主姓名、电话	4	
与客户面对面口头交流	逐项说明本次 20000km 的保养内容（更换机油、机油滤清器、空气滤清器、空调滤清器等）	10	
	说明更换空气滤清器的原因（从作用、用久之后的状态、更换之后的好处三方面说明）	6	
	逐项说明本次保养的费用（机油、机油滤清器、空气滤清器、空调滤清器、工时费等）	8	
	说明免费检查的项目（30项例行检查，列举3项以上）	6	
	说明总费用，并表示保养过程中如果发现其他需要维修的项目，都会及时与客户沟通，在其同意并授权后，才会进行维修	5	
利用电脑制作维修工单	制作维修工单，请客户稍等，并打印	3	
	询问客户是否需要保留更换下来的旧零配件，并记录	3	
	询问客户是否需要免费洗车服务，并说明所需时间	3	
	向客户说明总时长，预计交车时间（具体到几点几分）	3	
	询问客户的付款方式	3	
	礼貌询问客户是在店等待还是先行离店	3	
解释维修工单	把维修工单正面面向客户，快速解释项目和费用，并请客户签字确认（机油、机油滤清器、空气滤清器、空调滤清器、工时费、总费用等）	12	
	将维修工单客户联双手交与客户，并提醒客户以此为提车凭证	3	
引导客户休息	按服务礼仪，正确手势引导客户到休息室	3	
	介绍各休息室的功能（至少介绍3个功能）	3	
	提醒客户不要单独进入车间，并说明原因	3	
	向客户说明会随时报告维修进度	3	
	向客户说明如有任何问题可以随时联系自己，并再次说明自己的姓名及联系方式	3	
个人表现	动作干脆利落、专业，面部表情柔和、有亲和力，目光真诚	3	
合计		100	

拓展阅读

案例：

客户赵先生驾驶一辆行驶里程超过100000km的老款轿车来到4S店，车辆出现发动机抖动、油耗增加等问题。客户此前曾在其他维修店进行过简单维修，但问题并未得到彻底解决，因此对4S店的收费标准和服务质量抱有一定的疑虑。

在客户描述车辆问题后，服务顾问小李并没有进行详细的检查和诊断，而是凭借经验直接给出了更换火花塞和清洗节气门的维修方案，并报出了一个大概的价格范围。当客户询问具体的收费标准和维修细节时，小李含糊其辞，无法给出明确的解释。另外，小李在报价时，故意抬高了一些项目的收费标准，如将普通的火花塞价格报成了高性能火花塞的价格。当客户质疑价格过高时，小李以"原厂配件""专业服务"等理由进行辩解，试图蒙混过关。在客户犹豫不决时，小李极力推荐4S店推出的保养套餐，声称套餐价格优惠、性价比高。然而，该套餐包含了一些客户并不需要的服务项目，如空调系统清洗、燃油系统清洗等。当客户表示不需要这些服务时，小李表现出不耐烦的情绪，甚至暗示客户如果不选择该套餐，就无法享受质保服务。

在整个报价过程中，小李态度傲慢，缺乏服务意识。他并没有耐心倾听客户的需求，也没有站在客户的角度考虑问题，而是以一副"爱修不修"的态度对待客户，导致客户对4S店的服务质量产生严重质疑。

客户对小李的报价服务非常不满，认为4S店收费不合理，服务态度差。客户最终选择离开该4S店，到其他维修店进行维修。此外，客户还在社交媒体上分享了这次不愉快的服务体验，对该4S店的品牌形象造成了负面影响。

案例解析：

小李在本次报价过程中不足之处在于：缺乏专业性、敷衍了事，没有进行详细的检查和诊断，就草率地给出维修方案和报价，缺乏专业性，无法赢得客户的信任。

1）报价虚高，缺乏诚信。故意抬高收费标准，试图蒙骗客户，损害了客户的利益，也损害了4S店的声誉。

2）强推套餐，缺乏尊重。不顾客户的实际需求，强行推荐套餐服务，缺乏对客户的尊重，也降低了客户的体验感。

3）态度傲慢，缺乏服务意识。无法为客户提供优质的服务体验，最终导致客户流失。

4S店服务顾问的报价环节是客户体验的关键环节之一。服务顾问的专业水平、诚信度、服务态度直接影响着客户的满意度和信任度。因此，4S店应加强对服务顾问的培训和管理，提升其专业素养和服务意识，为客户提供透明、合理、优质的报价服务。

项目六

处理增项

项目描述

作为服务顾问的你已经给客户的车辆制作好了维修工单,现在需要将车辆开进车间派工维修。本项目主要学习增项流程、售后服务政策,包含以下两项任务:

任务一	认识增项流程
任务二	认识汽车售后服务政策

通过完成以上两个工作任务,你能顺利利用增项流程完成对客户车辆的增项处理,并能解释清楚售后服务政策。

任务一
认识增项流程

一 任务描述

客户委托：在本次的维修过程中能够一次性地解决车辆的全部问题，并且保证时效。

任务描述：在对客户的车辆进行增项处理时，能运用FABE法则与顾问进行有效的沟通，促使客户同意维修增项，保证维修质量。

二 行动目的

实施步骤	素质	技能	知识
1.交接车辆与进度跟进	认真负责的工作态度	产品知识、沟通技巧	交接车辆
2.解释增项的原因			零配件知识
3.处理增项的流程			增项处理流程
4.增项派工与跟进			增项派工的要点与跟进的必要性

三 行动步骤

1. 交接车辆与进度跟进

服务顾问通知车间工作人员到接待区接收车辆，将_____、_____交给车间工作人员，并说明车辆大致的作业内容，强调交车时间和注意事项。进度跟进的方式如下：

名称：_____
作用：_____

名称：_____
作用：_____

2. 解释增项的原因

_____

3. 处理增项的流程

1）当面与维修技师确认增项_____、_____、_____。
2）FABE 法则向客户说明。

增项原因	建议处理方式	FABE 法则
方向跑偏	做四轮定位	
制动油管老化	更换制动油管	
空调异味	空调杀菌清洗并更换空调滤清器	
制动异响	更换制动片	

3）客户同意处理，更新维修工单。
服务顾问应向客户复述新增项目的_____、_____和_____，确认无误后，重新打印维修工单或在原来的维修工单上补充新增维修项目的内容，请客户签字。
4）客户不同意处理。
对涉及安全问题的项目客户不接受维修的，服务顾问务必让客户签署_____
_____。

4. 增项派工的要点

_____

5. 增项跟进的必要性

_____

四 评价及总结

1. 学生自我评价表

评价项目	评价标准	分值	得分
交接车辆与进度跟进	能说出交接车辆的材料	10	
解释增项	能说出常见的增项原因	10	
处理增项	能说出增项的处理流程	20	
增项派工	能说出增项派工的要点	5	
增项跟进	能说出增项跟进的必要性	5	
仪容仪表	着装得体、头发干净、符合礼仪要求、精神饱满、面带笑容	10	
工作态度	态度端正、未出现无故迟到、早退、旷课现象	10	
工作质量	能按工作页要求完成工作任务	10	
职业素养	能做到礼貌、真诚待客，动作规范、话术流畅	10	
协调能力	与小组成员、同学之间能合作交流，团队氛围融洽	10	
合计		100	

2. 教师评价表

评价项目		评价标准	分值	得分
考勤（10%）		未出现无故迟到、早退、旷课现象	10	
工作过程（60%）	增项流程	能说出增项的处理流程	10	
	完成增项	能向客户说明增项的原因、价格、时间	20	
	仪容仪表	着装得体、头发干净、符合礼仪要求、精神饱满、面带笑容	5	
	工作态度	态度端正、认真、主动	10	
	工作质量	能按工作页要求完成工作任务	5	
	职业素养	精神饱满、礼貌、真诚待客，动作规范麻利、话术流畅	5	
	协调能力	与小组成员、同学之间能合作交流，团队氛围融洽	5	
成果展示（30%）	工作完整	能按时完成任务	5	
	工作规范	能按规范要求完成各个动作	5	
	成果展示	能规范完成增项处理	20	
合计			100	

五 相关知识点

在汽车售后服务流程中,服务顾问作为连接客户与车间维修团队的桥梁,扮演着至关重要的角色。从车辆进入车间到维修完成交付的每一个环节,服务顾问都需要做到细致入微地沟通与协调,以确保维修工作高效、顺利地进行,同时让客户感受到专业、贴心的服务。

(一)车辆交接环节

当服务顾问安排车辆进入车间时,首先需要与车间人员办理规范的交接手续。这一环节是确保维修工作顺利进行的基础。通常情况下,车间工作人员(车间调度或车间主管)会负责接收车辆,并根据不同的维修保养内容,将车辆分派给具备相应技能的维修技师。在交接过程中,服务顾问需要做到以下几点:

1)交接资料齐全。将车辆钥匙、维修工单、接车单等资料完整地交给车间工作人员,确保维修技师能够准确了解车辆的状况和客户的需求。

2)明确作业内容。向车间工作人员详细说明本次维修保养的具体内容,包括常规保养项目、客户提出的特殊要求以及服务顾问在接车时发现的潜在问题。

3)强调时间要求。如果客户对交车时间有明确的要求,服务顾问需要特别提醒车间工作人员,以便合理地安排维修进度。

4)传达客户特别交代的事项。例如,客户可能要求重点检查某个部位,或者对某些问题特别关注,这些细节都需要在交接时明确传达,以确保维修工作满足客户的期望。

(二)维修进度跟进

车辆进入维修车间后,服务顾问需要及时跟进维修进度,确保维修工作按计划进行,并在出现问题时能够第一时间与客户沟通。维修进度跟进的方法包括:

1)维修车间进度看板。通过看板了解车辆的实时维修状态,掌握每个环节的完成情况。

2)便携式通信设备。如对讲机等工具,可以随时与维修车间工作人员沟通,了解维修进展。

3)定时巡视维修车间。服务顾问可以定时到维修车间巡视,与维修技师面对面交流,确保信息传递的准确性。

在跟进过程中,服务顾问需要特别留意维修过程中可能出现的问题,如发现新的故障、需要更换额外的零部件,或者维修难度超出预期导致时间延长等。这些情况都需要及时与客户沟通,避免客户因等待时间过长或费用增加而产生不满。

(三)与客户沟通维修进度

在车辆维修过程中,服务顾问需要至少向客户汇报一次进度,让客户了解车辆的维修状态。根据维修是否顺利,服务顾问可以采用不同的话术与客户沟通。

1. 维修顺利时

1）话术示例："×先生/女士，请问您在这边休息得还好吗？还有其他的需要吗？您的爱车维修过程很顺利，很快就要质检了，待会可以交车时我会第一时间告诉您，请您放心。"

2）沟通要点：通过亲切的问候让客户感受到关怀，同时明确告知客户维修进展顺利，让客户安心等待。

2. 维修时间延长时

1）话术示例："×先生/女士，很抱歉，车间维修技师说您的车辆维修难度比之前预估的大一些，需要推迟1h，请您继续耐心等待。修好了我会第一时间告诉您。"

2）沟通要点：诚恳地向客户说明时间延长的原因，并表达歉意，同时承诺会及时通知客户交车时间，避免客户因等待而产生焦虑。

3. 特殊情况处理

如果维修过程中发现新的问题或需要增加维修项目，服务顾问需要立即与客户沟通，详细说明问题的严重性、维修的必要性以及新增费用，并在客户同意后再进行下一步操作。例如：

1）话术示例："×先生/女士，维修技师在检查过程中发现您的制动片磨损严重，建议尽快更换，否则可能会影响行车安全。更换制动片的费用是×元/个，您看是否需要现在处理？"

2）沟通要点：用专业的语言解释问题，强调安全性和必要性，同时提供透明的报价，让客户感受到服务的诚信和专业。

服务顾问在车辆维修保养过程中不仅仅是信息的传递者，更是建立客户信任的沟通者。通过规范的交接手续、及时的进度跟进、专业的沟通话术以及贴心的服务态度，服务顾问能够有效提升客户的维修保养满意度，增强客户对该品牌的信任感，为4S店赢得良好的口碑和长期的客户关系奠定基础。

（四）增项产生的原因

在汽车售后服务过程中，维修增项是一个非常普遍的现象，它不仅是维修保养流程中的重要环节，也是客户与售后服务团队之间建立信任的关键环节。维修增项的出现通常有两种情况：一种是客户在车辆使用过程中发现了新的问题，主动提出增加维修项目；另一种是维修技师在对车辆进行详细检查后，发现了一些潜在的或客户尚未察觉的问题，并建议进行相应的维修或更换。无论是哪种情况，维修增项都直接关系到车辆的安全性和动力性等表现，因此需要服务顾问以专业、细致的态度与客户进行沟通，确保客户充分理解并认可增项的必要性。

然而，由于维修增项涉及的内容通常是客户在到店之前并未意识到或感受到的车辆问题，客户难免会产生疑问："为什么我的车辆需要进行这些维修？""这些问题真的有必要处理吗？"甚至可能会怀疑售后服务是否存在过度维修或隐性收费的情况。这种疑虑如果得不到及时、有效的解决，不仅会影响客户对该4S店服务的满意度，还可能损害客户对品牌的信任感。

因此，服务顾问在沟通维修增项时，需要做到以下几点：

1）详细解释增项原因：用通俗易懂的语言向客户说明车辆存在的问题，以及这些问题可能带来的后果。例如，如果发现制动片磨损严重，可以告诉客户："您的制动片已经接近最低厚度，如果不及时更换，可能会影响制动效果，增加行车风险。"

2）展示损坏的零部件：如果条件允许，服务顾问可以将损坏的零部件展示给客户，让客户直观地看到问题的严重性。例如，展示磨损的轮胎、老化的传动带或漏油的密封件，能够有效增强客户对增项必要性的理解。

3）现场查看故障：对于一些复杂的故障，服务顾问可以带客户到维修车间，现场查看车辆的具体问题。例如，如果发现底盘有异响，可以请客户亲自听一听异响，或者让维修技师现场演示故障表现。

4）透明报价与说明：在提出增项建议时，服务顾问需要向客户提供清晰的报价单，详细列出需要更换的零配件、工时费用以及维修的总成本。同时，解释每一项费用的合理性，避免客户产生"被加价"的感觉。

5）强调安全与长远利益：在沟通中，服务顾问应始终以客户的安全和车辆的长久使用为出发点，强调维修增项对车辆性能、安全性以及使用寿命的积极影响。例如，可以告诉客户："更换这个零部件不仅可以解决安全隐患，还能延长车辆的使用寿命，避免未来产生更大的维修成本。"

6）尊重客户选择：在提出增项建议后，服务顾问应尊重客户的选择权，给客户足够的时间考虑，而不是急于催促客户做出决定。如果客户暂时不选择增项，也应耐心记录并提醒客户关注相关的问题。

通过以上方式，服务顾问不仅能够有效打消客户的疑虑，还能有效展示企业的专业性和诚信经营的态度。这种透明、细致的沟通方式，不仅有助于提升客户对本次服务的满意度，还能增强客户对品牌的信任感，为长期的客户关系奠定坚实的基础。最终，维修增项不仅是一次服务机会，更是一次与客户建立深度信任的契机。

（五）增项的处理流程

为了确保客户的车辆经过维修后能够处于最佳的技术状态且不出现过度维修的情况，完善的增项处理流程就显得特别重要，具体如下。

1. 维修技师填报增项

首先，车间维修技师要按标准的维修流程对车辆进行充分的检查；其次，准确判断问题点，填写维修报价单，报价单的内容通常要包含车辆信息、服务顾问信息、维修技师信息、简要的检查描述、清楚的故障描述、需更换或者维修的零配件名称、更换等级、作业时间；最后，由维修技师组长和车间主管确认问题点后签字，并由调度员在进度看板更新作业，将报价单传递给服务顾问。

2. 服务顾问确认

服务顾问在 EPC 系统内对车辆维修记录进行再次确认，确认零配件编码、零配件费用、工时费用；再与零配件部门确认库存情况、订货周期等。

3. 与客户确认增项

维修增项是维修内容变更的重要环节，也是服务顾问与客户建立信任、提升客户满意度的关键机会。服务顾问在处理增项时，需要以客户为中心，通过专业的沟通技巧和细致的服务流程，确保客户充分理解增项的必要性，并主动征求客户的确认和同意。

（1）主动说明增项内容

服务顾问在发现需要增项时，应主动向客户逐项说明增项维修的具体内容，包括：

1）增项项目：明确需要增加的维修或更换项目。

2）增项原因：用通俗易懂的语言解释目前问题的严重性，例如："您的制动片磨损已经接近极限，如果不及时更换，可能会影响制动效果。"

3）数据支持：通过检测数据增强说服力。例如："制动片的标准厚度是 10mm，目前检测到的厚度只有 2mm，已经远低于安全标准。"

4）好处与风险：说明增项维修的好处（如提升安全性、延长使用寿命）和不维修的潜在风险（如安全隐患、更高的维修成本）。

（2）透明报价与费用说明

服务顾问需要向客户详细说明增项维修的费用组成，包括：

1）零部件价格：列出需要更换的零部件及其价格明细。

2）工时费用：说明维修所需的工时费用。

3）总费用：明确增项后的总费用，并与客户确认。

4）价格公示：引导客户查看维修项目及零部件价格、工时费用公示板，增强报价的透明度。

服务顾问在向客户解释的时候注意沟通技巧，从为客户着想的角度出发，话术如下："×先生/女士，刚才维修人员在给您的爱车做检修时，发现车辆的制动油管老化比较严重，可能需要更换。您看要不要这次一起解决了？是这样的，制动油管老化在一开始可能不会对驾驶产生影响，但当老化到一定程度，可能会导致制动失灵，这就比较严重了。所以为了您之后的行车安全，我还是建议您进行更换。更换的费用需要在原费用上增加×元。因为现在店里制动油管库存不足，需要从库房调货，维修完成时间大概需要延后×h，交车时间可能要延迟到明天，您看可以吗？请问您离店时需要为您提供接送服务或是代步车辆吗？感谢您的理解！"

（3）使用销售四诀解释增项

服务顾问还可以使用销售四诀向客户解释增项，如客户车辆跑偏是因为四轮定位参数不准了，向客户解释的话术如下："×先生，维修技师检查出您的爱车方向跑偏的原因了，是因为四轮定位参数不准，建议您重新做一个四轮定位。简单来说，四轮定位是为了保障汽车在行驶、转弯状态下的安全性和稳定性，轮胎安装的时候有一定的倾斜角度，车辆经过一段时间的使用，这个倾斜角度会发生变化，车辆会出现跑偏的问题。车辆做四轮定位，维修技师会对这个数值进行重新检测和调整，确保您的爱车处于良好的行驶状态，可以减少轮胎、减振器的摩擦，提高行驶安全性。前两天我们有个客户的车辆也是方向跑偏，做了四轮定位之后就正常了。"

（4）征求客户确认

服务顾问必须主动征求客户对增项内容和交车时间的确认，并根据客户的需求提供灵活的选择：

1）在店等待：如果客户选择继续在店等待，服务顾问应主动询问客户是否需要休息或提供其他帮助。

2）离店等待：如果客户选择离店，服务顾问应确认联系方式，并在维修完成后及时通知客户。同时，礼貌地为客户送行，并提供接送服务或代步车辆的选项。

（5）重新打印维修工单

在客户同意增项后，服务顾问应重新打印维修工单或在原工单上补录增项内容，并请客户签字确认。如果客户不在店内，服务顾问应通过电话、短信等方式与客户沟通，并记录通话内容。在客户提车时，补签维修工单。

（6）客户不同意增项的处理

如果客户不同意增项，服务顾问应尊重客户的决定，并根据具体情况采取以下措施：

1）非安全问题：将增项列入"建议项目"，在下次保养时提醒客户。

2）安全问题：如果增项涉及安全问题，服务顾问应让客户签署免责协议，并在维修工单中记录。同时，礼貌地提醒客户尽快解决安全问题，以确保行车安全。

维修增项作为售后服务中的关键组成部分，服务顾问的角色至关重要。他们必须以客户的需求为出发点，运用专业的沟通技巧和周到的服务流程，确保客户能够完全理解增项服务的目的必要性。在此过程中，服务顾问应当积极主动地征询客户的确认和同意，以体现对客户意愿的尊重。通过提供透明的报价信息、基于数据的恰当建议、灵活多样的选择方案以及及时的后续跟进，服务顾问不仅能够显著提升客户的满意度，还能进一步增强客户对该品牌的信任感。这样的服务方式有助于4S店树立良好的市场口碑，同时与客户之间建立起长期稳定的合作关系。

任务二
认识汽车售后服务政策

一 任务描述

客户委托：当车辆出现问题时，服务顾问能够清楚告诉客户哪些故障属于三包索赔范围，哪些需要自己花钱。

任务描述：服务顾问能向进店维修的客户说明三包内容，并能解释召回与三包的区别。

二 行动目的

实施步骤	素质	技能	知识
1.三包索赔管理	认真负责的工作态度	产品知识、沟通技巧	三包的概念、质量保修期、三包索赔范围、三包索赔流程
2.召回事项处理			召回的概念、法律规定
3.解释三包与召回的区别			三包与召回的区别

三 行动步骤

1. 三包索赔管理

____年____月____日，国家市场监督管理总局正式发布了《家用汽车产品修理更换退货责任规定》，明确了"汽车三包"的概念是指汽车产品生产者、销售者和修理者在内，因汽车产品质量问题，对汽车产品修理、更换、退货的行为。该政策自2022年1月1日起施行。

（1）三包的概念

包修：_____

包换：_____

包退：_____

（2）质量保修期

对于汽车质量保修期（简称质保期），我国"三包法"规定常见的家用汽车产品保修期不能低于____年_____km，三包有效期限不能低于____年_____km。

（3）三包索赔范围

三包索赔包括_____、_____、_____。

（4）三包索赔流程

4S店设有索赔员一职，专门负责三包索赔事宜。索赔流程主要包括_____、_____、_____、_____。

2. 召回事项处理

（1）召回的概念

_____

_____

（2）召回的法律规定

____年____月____日，国家质量监督检验检疫总局（现国家市场监督管理总局）公布了《缺陷汽车产品召回管理管理条例实施办法》，并于2016年1月1日起施行，同时废止《缺陷汽车产品召回管理规定》。

3. 解释三包与召回的区别

_____

_____

四 评价及总结

1. 学生自我评价表

评价项目	评价标准	分值	得分
三包	能分别说出修理、更换、退货的概念	10	
质量保修期	能说出质保期和三包期的期限	10	
索赔	能说出三包的索赔流程	20	
召回	能说出召回的概念、处理流程	20	
工作态度	态度端正、未出现无故迟到、早退、旷课现象	10	
工作质量	能按工作页要求完成工作任务	10	
职业素养	能干脆利落、动作规范、话术流畅地完成环车检查	10	
协调能力	与小组成员、同学之间能合作交流，团队氛围融洽	10	
合计		100	

2. 教师评价表

评价项目		评价标准	分值	得分
考勤（10%）		未出现无故迟到、早退、旷课现象	10	
工作过程（60%）	三包	能说出三包的概念、索赔流程	15	
	召回	能说出召回的概念、召回处理流程	15	
	仪容仪表	着装得体、头发干净、符合礼仪要求、精神饱满、面带笑容	5	
	工作态度	态度端正、认真、主动	10	
	工作质量	能按工作页要求完成工作任务	5	
	职业素养	精神饱满、礼貌、真诚待客，动作规范麻利、话术流畅	5	
	协调能力	与小组成员、同学之间能合作交流，团队氛围融洽	5	
成果展示（30%）	工作完整	能按时完成任务	5	
	工作规范	能按规范要求完成各个动作	5	
	成果展示	能说明三包与召回的区别	20	
		合计	100	

五 相关知识点

国家市场监督管理总局于 2021 年 3 月 18 日正式发布了汽车三包新规即《家用汽车产品修理更换退货责任规定》，该《规定》分总则、经营者义务、三包责任、争议的处理、法律责任、附则，并于 2022 年 1 月 1 日起施行。

1. 汽车三包的概念

汽车三包政策是零售商业企业对所售商品实行"修理、更换、退货"的简称。指商品进入消费领域后，卖方对买方所购物品负责而采取的在一定期限内的一种信用保证办法。

（1）修理

自购车之日起（以购车发票时间为准），在一定的质量保修期内，因质量问题引起的故障，采取以换件或修复的方式恢复车辆性能。

（2）更换

家用汽车产品自三包有效期起算之日起 60 日内或者行驶里程 3000km 之内（以先到者为准），因发动机、变速器、动力电池、行驶驱动电机的主要零部件出现质量问题的，消费者可以凭三包凭证选择更换发动机、变速器、动力电池、驱动电机。销售者约定的修理者（以下简称修理者）应当免费更换。

（3）退货

自购车之日起（以购车发票时间为准），家用汽车产品自三包有效期起算之日起 60

日内或者行驶里程 3000km 之内（以先到者为准），因质量问题出现转向系统失效、制动系统失效、车身开裂、燃油泄漏或者动力电池起火的，消费者可以凭购车发票、三包凭证选择更换家用汽车产品或者退货。

三包凭证应当包括下列内容：

1）产品品牌、型号、车辆类型、车辆识别代号（VIN）、生产日期。

2）生产者的名称、地址、邮政编码、客服电话。

3）销售者的名称、地址、邮政编码、客服电话、开具购车发票的日期、交付车辆的日期。

4）生产者或者修理者网点信息的查询方式。

5）家用汽车产品的三包条款、包修期、三包有效期、使用补偿系数。

6）主要零部件、特殊零部件的种类范围，易损耗零部件的种类范围及其质量保证期。

7）家用纯电动、插电式混合动力汽车产品的动力电池在包修期、三包有效期内的容量衰减限值。

8）按照规定需要明示的其他内容。

2. 汽车质量保修期

三包法规定，汽车质量保修期不得低于 3 年或者行驶里程 60000km，以先到者为准，自开购车发票起算；而三包期不得低于 2 年或者行驶里程 50000km，以先到者为准，自开购车发票起算。

汽车由上万个零部件组成，为了让消费者买得放心，汽车生产厂家都对车辆承诺一个质量保修期。汽车质量保修期是指汽车生产厂家向消费者卖出商品时承诺的因质量问题而出现的故障提供免费维修及保养的服务，现在大多汽车生产厂家都实行新的车辆保修期间：3 年或 100000km，以先到者为准。即保修期内的条件有两个，一是时间限制，行驶时间 3 年；第二个是里程限制，行驶里程 100000km。只要在这两个条件中达到任意一个时，就表明车辆的保修期已过，车辆再出现的维修保养都不在免费之列。而轮胎、轮毂、前照灯、制动等耗损件，汽车生产厂家一般只提供 3～6 个月或 5000km 保修期。

除了明确车内各零部件的保修期限，几乎所有车系的保养手册中都对保修做了条件限制，若发生如下情况，车主就享受不到免费的保修服务：

1）未按规定进行保养。客户购买新车后，未按车辆的技术要求对车辆进行定期维护，车子出现问题时，即便是在保修期内，也可能不符合保修标准。如果在非汽车生产厂家授权的特约店或维修店进行车辆维修，在发生品质问题时需提供所在维修店的维修资质证明和相应的票据证明，方可进行保修申请。

2）私自对车辆进行改装。"不保改装车"几乎是所有汽车生产厂家在保修期的共识，甚至有些品牌的保修条款中还规定，如果客户擅自改变车辆的用途，用于出租、租赁或竞技比赛，也会视为自动放弃保修权利。

3）使用不当造成损坏。汽车保修期只能在大的方面给客户保障，由于使用不当或交通事故造成的损坏，只能由客户或保险公司承担责任。

3. 汽车索赔流程

一般品牌的 4S 店都设置有索赔员一职，专门负责三包索赔事宜。汽车在保修期中如果有质量问题，汽车生产厂家都会免费给其更换新的零配件，具体的索赔流程如下：

（1）接待客户

服务顾问按照接待流程接待客户，听取客户诉求并进行正常的预检，初步判断是否有需要索赔的项目，如果有则在任务工单中注明。

（2）索赔判定

索赔项目的维修过程与普通自费维修过程是一样的，最大的区别在于维修技师和索赔员要根据实际情况进一步判断是否属于索赔项，如果属于，索赔员需要将索赔项目和零配件的收费类别定为索赔，并向汽车生产厂家提出申请。结算时，4S 店只收取客户自费项目，索赔项目与零配件应该由汽车生产厂家来承担。

（3）索赔申请

索赔员进行索赔申请时，应该根据服务记录生成相应的索赔记录，并填写索赔单的相关内容，按照汽车生产厂家的要求进行传真、邮寄或者网上申请索赔。经汽车生产厂家确认后，该索赔款项计汽车生产厂家的应付款，到一定时间，4S 店可以按照规定与汽车生产厂家进行核对收款。

（4）整理档案

完成车辆维修后，服务顾问将客户签字的三包结算单和相关的维修记录整理后存档。

4. 车辆召回事项

（1）召回的概念

汽车产品召回（简称召回），就是按照法定的要求和程序，由缺陷汽车生产厂家进行的消除其产品缺陷的过程。包括汽车生产厂家以有效方式通知销售商、修理厂、车主等相关方关于缺陷的具体情况以及消除缺陷的方法等，并由汽车生产厂家组织销售商、修理厂等通过修理、更换、退货等具体措施消除其汽车产品缺陷。

（2）召回的法律规定

汽车产品召回方式各不相同，根据认证和召回方式可分为自主型、强制型和自主强制结合型。自主型汽车召回是指汽车生产厂家自行按照国家提出的标准进行研发和生产，自行承担全部责任。国家在市场上进行质量的抽查，如果发现有缺陷的汽车产品存在，就进入汽车召回管理的相关程序，其鼓励主动召回，消除缺陷影响，代表国家为美国。强制型汽车召回是指国家汽车生产厂家提出产品的各项标准，并到国家相关机构进行认证，保证产品标准和生产一致性合格后，再投入大规模生产和使用，国家对社会承担责任，保证汽车安全使用，大部分欧洲国家与日本采用强制型认证方式。而我国在参考美国和日本等国家的模式后，使用"汽车生产厂家自行发现缺陷提出召回和根据国家指令进行召回"的自主强制结合型的召回方式。

2015 年 11 月 27 日国家质量监督检验检疫总局（现国家市场监督管理总局）公布了

《缺陷汽车产品召回管理条例实施办法》，并于 2016 年 1 月 1 日起施行，同时废止《缺陷汽车产品召回管理规定》。

5. 三包与召回的区别

从表面上看，汽车召回和三包都是为了解决汽车出现的一些质量问题，维护消费者的合法权益。但就问题的性质、法律依据、对象、范围和解决方式上是有区别的。

（1）性质不同

汽车召回的目的是消除缺陷汽车安全隐患给全社会带来的不安全因素，维护公众安全；汽车三包的目的是保护消费者的合法权益，在产品责任担保期内，当车辆出现质量问题时，由厂家负责为消费者免费解决，减少消费者的损失。

（2）法律依据不同

汽车召回是根据《中华人民共和国产品质量法》对可能涉及对公众人身、财产安全造成威胁的缺陷汽车产品，国家有关部门制定《缺陷汽车产品召回管理条例实施办法》维护公共安全、公众利益和社会经济秩序。汽车三包对经营者来讲在法律关系上属特殊的违约责任，根据《中华人民共和国产品质量法》对在三包期内有质量问题的产品，国家制定有关"三包规定"，由销售商负责修理、更换、退货，承担产品担保责任。

（3）对象不同

召回主要针对系统性、同一性与安全有关的缺陷，这个缺陷必须是在一批车辆上都存在，而且是与安全相关的。"三包规定"是解决由于随机因素导致的偶然性产品质量问题的法律责任。由生产、销售过程中各种随机因素导致产品出现的偶然性产品质量问题，一般不会造成大面积的人身伤害和财产损失。在三包期内，只要车辆出现质量问题，无论该问题是否与安全有关，只要不是因消费者使用不当造成的，销售商就应当承担修理、更换、退货的产品担保责任。

（4）范围不同

"三包规定"主要针对家用车辆。汽车召回则包括家用和各种运营的道路车辆，只要存在缺陷，都一视同仁。国家根据经济发展需要和汽车产业管理要求，按照汽车产品种类分步骤实施缺陷产品召回制度，首先从 M1 类车辆（驾驶人座位在内，座位数不超过 9 座的载客车辆）开始实施。

（5）解决方式不同

汽车召回的主要方式是：汽车生产厂家发现缺陷后，首先向主管部门报告，并由汽车生产厂家采取有效措施消除缺陷，实施召回。汽车三包的解决方式是：由汽车经营者按照国家有关规定对有问题的汽车承担修理、更换、退货的产品担保责任。在具体方式上，往往先由行政机关认可的机构进行调解。

拓展阅读

案例：

客户黄先生准备跑长途前到 4S 店做检查，服务顾问小刘接待了他，并将车开进车间交由维修技师进行检查，经过检查后车辆无大问题，但是机油发黑严重，维修技师建议更换机油，小刘向黄先生推荐了一款店里性能较好但较贵的机油，为了提升车辆动力性能，黄先生欣然接受了，但他留了个"心眼"，他将小刘推荐的机油桶外观进行了拍照。保养结束后，黄先生提出将更换后的机油桶带走，小刘这时候拿出一个空的机油桶给黄先生，一对比照片，黄先生发现这并不是小刘原先推荐他使用的那款机油，小刘连忙道歉说拿错了，到车间去找维修技师拿出正确的机油桶，然而维修技师怎么都拿不出那款机油桶，这时候黄先生已经产生怀疑，随即要求对机油进行检查，维修技师慌忙承认并没有更换指定款机油，而是偷梁换柱换了一款便宜的机油。黄先生非常生气，曝光了该4S店的欺诈行为，此事件对该品牌造成了严重的负面影响。

案例解析：

诚信是各行各业最基本的经营理念，这是每个岗位的工作人员应该坚守的最基本的职业道德：对客户尽职尽责。而案例中，维修技师为了自己的私欲，损害公司名誉、损害客户利益，将客户付费高的机油偷换为便宜的机油，如果不是客户拍照留存证据，可能根本无法发现机油被偷梁换柱。

这种行为不仅违反了职业道德，也违反了消费者权益保护的相关法律法规。企业应该对员工的职业道德进行严格的培训和监管，确保员工不能因为个人利益而损害公司和客户的利益。同时，消费者也应该提高警惕，选择有信誉的商家，维护自己的合法权益。三包与召回制度都是为了保护消费者的权益，但它们的侧重点不同。三包制度更侧重于产品售出后的质量保证和维修服务，而召回制度则更侧重于对存在安全隐患的产品进行主动召回，以预防潜在的安全风险。在这个案例中，如果4S店能够坚守诚信经营的原则，对车辆进行规范的保养和维修，就不会发生这样的欺诈事件，也不会对其品牌形象造成如此严重的负面影响。

项目七

结算交车

项目描述

维修技师已经按维修工单完成了杨先生车辆的相关维修保养,准备向服务顾问交接车辆,本项目主要学习内部交车、向客户交车。本项目包含以下工作任务:

任务一	内部交车
任务二	向客户交车

通过完成以上工作任务,你能清楚掌握交车流程,顺利完成向客户交车。

任务一
内部交车

一 任务描述

客户委托：相关人员对维修保养后的车辆进行质量检查。

任务描述：在车辆完成维修保养后，对车辆进行自检、终检、交接，确保维修保养质量。

二 行动目的

实施步骤	素质	技能	知识
1. 车间检查	具备一丝不苟的工作态度、养成自律的工作习惯	认真对待客户的车辆，确保维修保养质量	流程
2. 服务顾问检查			具体项目

三 行动步骤

1. 车间检查

车间检查包含三部分：_____、_____、_____。维修技师对车辆状况进行_____并确认签字，班组之间_____并确认签字，然后将车辆交给质检员进行_____并确认签字，最后将车辆移至交车区，并通知服务顾问。

2. 服务顾问检查

车辆检查表		车辆清洁检查表	
项目	结果	清洁内容	结果
维修项目		车身	
精品项目		车轮	
养护项目		仪表台	
座椅复位		烟灰缸	
音响复位		地毯	
旧件存放		前舱	
车上是否有遗留工具		行李舱	

四 评价及总结

1. 学生自我评价表

评价项目	评价标准	分值	得分
车间自检	能详细说出车间自检的三部分内容	25	
服务顾问检查	能分别说出车辆检查表和车辆清洁检查表的内容	25	
仪容仪表	着装得体、头发干净、符合礼仪要求、精神饱满、面带笑容	10	
工作态度	态度端正、未出现无故迟到、早退、旷课现象	10	
工作质量	能按工作页要求完成工作任务	10	
职业素养	能做到礼貌、真诚待客,动作规范、话术流畅	10	
协调能力	与小组成员、同学之间能合作交流,团队氛围融洽	10	
合计		100	

2. 教师评价表

评价项目		评价标准	分值	得分
考勤（10%）		未出现无故迟到、早退、旷课现象	10	
工作过程（60%）	车间自检	能说出车间自检的三部分内容	10	
	服务顾问检查	能分别说出车辆检查表和车辆清洁检查表的内容	20	
	仪容仪表	着装得体、头发干净、符合礼仪要求、精神饱满、面带笑容	5	
	工作态度	态度端正、认真、主动	10	
	工作质量	能按工作页要求完成工作任务	5	
	职业素养	精神饱满、礼貌、真诚待客,动作规范麻利、话术流畅	5	
	协调能力	与小组成员、同学之间能合作交流,团队氛围融洽	5	
成果展示（30%）	工作完整	能按时完成任务	5	
	工作规范	能按规范要求完成各个动作	5	
	成果展示	能规范完成服务顾问自检工作	20	
合计			100	

五 相关知识点

维修质量是保证客户满意的前提，高效的维修质量才能让维修业务健康稳定持续地发展，因此，维修结束后的质量检查不仅可以保障客户满意度，更重要的是可以减少返修率，为企业节省时间和金钱，有助于提升企业形象。

车辆交付给客户之前必须进行内部交车，车辆从维修技师转到服务顾问，经过车间检查和服务顾问检查两个环节。

1. 车间检查

（1）维修技师的自检（一级检查）

维修技师对本次维修作业的自检主要包括：

1）检查作业项目有无漏项。维修技师认真检查各项作业是否都已经完成，是否存在问题，如有问题需要及时解决。特别是影响到费用和时间的问题，必须及时反馈给服务顾问以便向客户汇报。

2）检查音响、空调、时钟是否复原。

3）检查车辆有无漏水、漏油、漏电、漏气的情况，并按规范进行螺栓紧固，拆卸的附件全部安装到位，使用的工具全部收回。

4）检查易损件、橡胶件的磨损情况，并做好记录。

5）将旧件存放在指定位置，以便服务顾问向客户展示处理。如果是索赔件，则交给索赔员以便归还给汽车生产厂家。

6）自检合格后，维修技师应在维修工单上记录修理的内容、时间、车辆使用建议和零配件更换情况等，并签名确认。把检查完成的事项填入管理进度看板，与下一步质检的班组组长进行车辆交接，将维修工单、更换的零配件、钥匙等交给班组长。

（2）班组长的检查（二级检查）

班组长对车辆进行二次检查，消除安全隐患，确保车辆完好，主要检查项目包括：

1）复查各个维修项目是否已完成、确认更换的零配件，确保无漏项、错项。

2）对接车单上客户反馈的问题进行确认，做到检查有结果、调整有记录。

3）对车辆进行试车，确认维修项目无漏水、漏油、漏电、漏气情况，确保维修项目符合技术规范。

4）班组长发现问题时，必须采取相应措施进行纠正，将检查结果反馈给维修技师，总结维修经验教训，为以后的维修作业提供借鉴，以提高维修技师的技术水平。

5）检查合格后，班组长在维修工单上签名，并与质检员进行质检工作交接。

（3）质检员的终查（三级检查）

技术总监或者车间主管对维修作业进行质量验收，主要包括：

1）根据任务工单的项目进行逐项验收，并核实有无漏项。

2）对轮胎螺钉的紧固进行抽查。

3）检查维修部位有无"四漏"现象。

4）对于重大项目或有关安全方面的维修项目，质检员必须进行路试检查，以求万无一失。

5）对照接车单的记录，检查车辆有没有维修过程中的人为损坏。

6）检查维修项目是否符合相关的技术规范，如果检测不合格，开具"维修作业返修单"，交班组长重新检查和维修，直至符合技术规范为止。

7）检查有无物品遗失，如工具、资料等，做好最终检查记录，并在维修工单或合同上签字确认。

8）将钥匙交给维修技师，维修技师开车到洗车区洗车。

维修技师将清洗好的车辆开到交车区，通知服务顾问接收车辆，并将完工车辆、钥匙、维修资料一起移交给服务顾问。

2. 服务顾问检查

服务顾问在接收车辆之前要先对车辆进行检查，主要根据车辆检查表和车辆清洁检查表等进行检查，确保维修任务已完成。

1）车辆检查表。主要检查维修项目、推荐的项目如精品、养护等是否都已经完成；检查座椅、音响是否都复位；检查旧件是否齐全并存放好；检查车上是否有遗留的工具。

2）车辆清洁检查表。主要检查车身外观、轮胎、仪表板、烟灰缸、地毯、前舱、行李舱等清洁情况，确保客户满意。

任务二 向客户交车

一 任务描述

客户委托：车辆维修保养结束后能顺利向客户交付车辆。
任务描述：引领客户对竣工的车辆进行检查，协助客户结账完成交车。

二 行动目的

实施步骤	素质	技能	知识
1. 通知客户取车	具备一丝不苟的工作态度、养成自律的工作习惯	掌握验车的流程，真诚关怀客户	客户期望、交车前准备
2. 根据维修工单引领客户验车			检查的内容
3. 解释结算单			结算单包含的内容
4. 结账送离	提供专业且贴心的服务	全程陪同客户，主动且清晰的让客户完成结账	专业且体贴的服务

三 行动步骤

1. 通知客户取车

1）了解客户对交车环节的期望。

_____

_____

_____

2）检查。

检查包含二部分，第一部分是_____检查，确认客户交代的工作已完成；第二部分是_____检查，确认账单项目及状态。

3）通知客户。

	通知方式	话术
在 4S 店等待客户		
不在 4S 店等待客户		

不管是哪种通知方式，在车辆竣工后都应第一时间通知客户，并强调是在约定时间内完成的维修。

2. 根据维修工单引领客户验车

1）外观检查。包括_____。
2）内饰检查。包括_____。
3）维修保养项目检查。包括_____。

还应说明免费做的项目，如免费更换熔丝、轮胎充气、制动系统检查、油液检查、玻璃水添加、机械部分润滑等。检查机油的时候使用干净的纸巾，目的是_____。

4）养护项目检查，重点要突出效果。话术如下：_____。
5）精品检查。话术如下：_____。
6）旧件展示。包括_____。

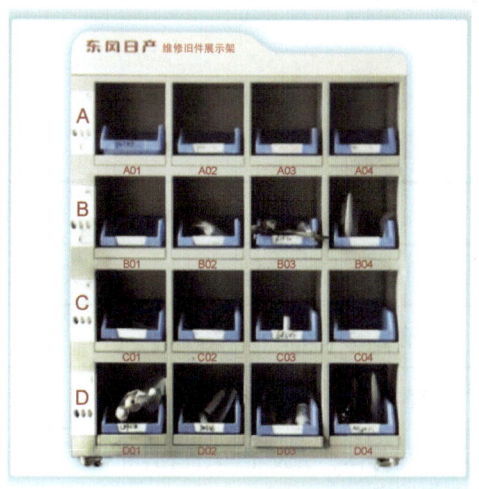

旧件展示架

7）人文关怀。
① 提醒客户维修后的注意事项，如制动异响，_____。
② 养护建议：_____。
③ 下次保养建议，包括_____和_____，强调以先到为准。

3. 解释结算单

1）结算单_____面向客户，需要解释的内容包括_____。

总金额方面要强调与之前预估的没有_____，并请客户签字确认。

2）说明车辆保养后的保修政策，一般是_____天_____km。

3）客户未同意处理的项目签免责协议，并提供用车建议，如制动片已经磨损得比较严重，但还没到下限值，请写出话术。

_____

_____

_____

4）把保养手册交还客户，说明已经填写车辆保养的_____并盖章。

4. 结账送离

（1）陪同客户结账

引导并陪同客户到收银台结账，中途再次确认_____方式。整理好单据装入信封给客户，单据包括_____。

（2）交车

引领客户去取车，询问客户对本次保养的_____，询问三天后的回访_____，应具体到时间段。

打开车门当着客户的面取下_____，并把钥匙交还客户，感谢客户并表示车辆有任何问题都愿意提供帮助，请客户上车并站在车后方直至客户车辆离开公司大门。

四 评价及总结

1. 学生自我评价表

评价项目	评价标准	分值	得分
引领客户验车	能带领客户完成验车，并做出人文关怀	15	
解释结算单	能清楚解释结算单内容	15	
结账送离	带客户结账并送离客户	20	
仪容仪表	着装得体、头发干净、符合礼仪要求、精神饱满、面带笑容	10	
工作态度	态度端正、未出现无故迟到、早退、旷课现象	10	
工作质量	能按工作页要求完成工作任务	10	
职业素养	能做到礼貌、真诚待客，动作规范、话术流畅	10	
协调能力	与小组成员、同学之间能合作交流，团队氛围融洽	10	
合计		100	

2. 教师评价表

评价项目		评价标准	分值	得分
考勤（10%）		未出现无故迟到、早退、旷课现象	10	
工作过程（60%）	引领客户验车	能带领客户完成验车，并做出人文关怀	10	
	解释结算单	能清楚解释结算单内容	10	
	结账送离	带客户结账并送离客户	10	
	仪容仪表	着装得体、头发干净、符合礼仪要求、精神饱满、面带笑容	5	
	工作态度	态度端正、认真、主动	10	
	工作质量	能按工作页要求完成工作任务	5	
	职业素养	精神饱满、礼貌、真诚待客，动作规范麻利、话术流畅	5	
	协调能力	与小组成员、同学之间能合作交流，团队氛围融洽	5	
成果展示（30%）	工作完整	能按时完成任务	5	
	工作规范	能按规范要求完成各个动作	5	
	成果展示	能规范完成交车流程	20	
合计			100	

五 相关知识点

车辆的交付是维修接待流程的最后环节，也是服务顾问与客户直接接触的重要时刻。这一环节不仅决定了客户对本次服务的最终评价，还直接影响客户对本次服务的整体印象。因此，服务顾问需要在交车环节中做到细致入微，确保客户满意并留下深刻的好印象。

1. 了解客户的期望

了解客户的期望是做好服务的前提，客户在等待了一定的时间后迎来了交车，通常会对交车环节抱有较高的期望，期望所有既定项目全部按时完成，故障能一次性修复，车辆干净整洁，车内物品齐全且摆放整齐，费用与预估无出入，物有所值，服务顾问依然保持亲切热情，能协助客户取车。服务顾问需要从客户的角度出发，确保交车环节能够满足甚至超越客户的预期。

2. 交车前的准备工作

交车环节是服务顾问向客户"邀功"的最好的环节，试想一下，客户来取车时，看到自己的爱车已经修好，并且车身干净，车内物品齐全且摆放整齐，肯定会很高兴，满意度也会提升。但是如果这个环节没有做好，导致客户不满意，前面所有的工作都会功亏一篑，因此需要服务顾问做好交车前的准备工作。执行要点如下：

（1）维修工单检查

这一环节主要是为了确保客户交代的工作任务已经得到妥善完成，包括对维修施工记录的完整性进行确认，确保班组长以及质检员已经对工作进行了签字确认。同时，还需要检查是否所有必要的文件，如检测报告、出料单等都已经齐全，并且在客户的保养手册上做好相应的记录。这一系列的检查工作是为了保证服务质量，确保客户能够得到一个满意的维修结果。

（2）系统检查

在这一环节中，重点是确认账单项目以及其状态的准确性，这涉及对系统中录入的信息、零配件和工时等数据的完整性及合理性进行检查。此外，还需要核实折扣及优惠情况，并打印出结算预览，以便客户能够清楚地了解费用明细。交车按时率是关键绩效指标（KPI）考核的一部分，服务顾问需要密切关注每一辆车的完成进度，及时地打印结算单，确保服务流程的顺畅和客户的满意度。

（3）车辆检查

这一环节主要是为了确保车辆在维修后达到预期的清洁标准，包括车辆的内外部清洁效果，以及车内是否有遗留的杂物。同时，还需要检查车内设施的设置是否符合要求，以及随车物品是否齐全。此外，确认车辆的维修效果是否达到预期，以及旧件的存放状态是否得当等。通过这些细致的检查，可以确保车辆在交付之前，每一个细节都符合标准，从而提升客户对服务的整体满意度。

3. 通知客户取车

在完成所有交车前的准备工作之后，应当及时地通知客户来取车。无论客户是否在店内等候，都应立即告知客户车辆已经准备好，并确保这一过程是在双方约定的维修保养时间内完成的。对于那些选择不在店内等待的客户，服务顾问可以这样对客户说："×先生您好，我是×店的服务顾问×，您的爱车我们已经在约定的时间内完成了维修保养工作。请问您是希望现在取车，还是按照之前约定的×点来取车呢？"而对于那些选择在店内等待的客户，服务顾问可以通过电话联系，或者亲自前往休息室进行通知。如果服务顾问亲自前往休息室通知客户，那么可以使用以下话术："×先生，久等了，您的爱车我们已经在约定的时间内顺利完成了维修保养。请问您现在方便跟我一起去验车吗？"

4. 带领客户验车

带领客户验车时，需要携带维修工单，以便对照维修工单上的项目进行逐一的检查。以下是执行流程的详细说明：

（1）外观检查

由于客户首先注意到的是车辆的外观，因此可以先向客户展示经过清洗的车辆外观，并询问客户的满意度。可以使用以下话术："×先生，您看，我们已经对您的爱车进行了简单的冲洗，您对清洗效果还满意吗？请您检查一下，车辆的外观与您送修时保持一致。"

（2）内饰检查

在客户验车时，需要向客户展示座椅、空调、音响等已经恢复到客户送修时的位置，并确保它们处于关闭状态。同时，仪表台和烟灰缸等部位也已经进行了清洁，以确保内饰的整洁。

（3）前舱的检查

对于插电式混合动力汽车和增程式电动汽车，需要向客户展示新换的机油。在打开前舱之前，先整体展示前舱的清洁效果，以提升客户的满意度。可以使用以下话术："×先生，您看前舱，我们维修技师已经帮您做了彻底的除尘处理，您对清洁效果还满意吗？"接着，展示新更换的机油，并与车辆进厂时的机油颜色进行对比说明，话术如下："×先生，您看一下，这是我们新换的机油，颜色明亮金黄，与您刚来的时候相比，颜色有了明显的不同。同时，机油的油量也处于安全的刻度范围之内，您可以放心。"

（4）养护项目的检查

当车辆完成了对发动机润滑系统、燃油系统等关键养护项目后，在对前舱进行检查时，应当向客户详细说明这些项目的完成情况。具体的话术可以是："尊敬的×先生，您的车辆已经完成了发动机润滑系统的清洗工作，待您亲自驾驶时，可以明显感受到加速性能的提升。"

（5）精品展示环节

在车辆的精品安装位置，应向客户展示精品安装后的效果，如果需要，还可以进行实物展示。例如，对于行车记录仪这类产品，除了展示其安装效果，还应向客户演示如何正确使用，确保客户能够熟练操作，享受产品的便利性。

（6）维修项目展示

在故障处理完毕的位置，应向客户展示维修后的效果，并详细说明相关的注意事项。以制动异响问题为例，工作人员可以这样介绍："尊敬的×先生，之前我们讨论过，制动异响是由于制动片磨损到极限导致的。现在，我们已经为您更换了新的制动片，您可以亲自查看一下。但是，×先生，新的制动片在使用初期需要一个磨合的过程，建议您在接下来的驾驶中尽量避免急加速和紧急制动，这样有助于延长制动片的使用寿命，并确保行车安全。"

（7）旧件展示环节

在旧件展示架上，应向客户展示已经更换下来的旧件，这不仅能够增加服务的透明度，还能进一步提升客户的信任感。具体的话术可以是："×先生，我将向您展示一下更换下来的旧件，包括机油滤清器、空气滤清器、空调滤清器以及制动片。请您仔细查看，确认是否需要将这些旧件打包带走。"

（8）人文关怀

1）提醒客户下次保养的时间、里程，并精确到天数和个位数，话术如下："×先生，下次的保养提示已经贴在您方向盘左侧的位置了，时间是×年×月×日，里程数是×，您放心，到时候我们会提前一个星期打电话提醒您的。"

2）在验车的过程中找准机会向客户提养护建议，让客户心里有个印象，使下次保养时能够顺利推荐。如在展示完内饰清洁效果后，可以向客户建议下一次保养时做一个空调系统杀菌，话术如下："×先生，建议您在下次保养时进行一次空调系统杀菌清洗，因为空调长时间使用后，内部容易积累灰尘、细菌和霉菌，不仅会产生异味，还可能影响车内空气质量和您的健康；通过清洗可以彻底清除污染物，改善车内空气，提升空调的制冷和制热效果，同时延长空调系统的使用寿命，让您的驾驶环境更加清新舒适。我们使用专业的设备和环保清洗剂，确保清洗效果彻底且安全，您可以放心选择。"

5. 解释结算单

验车结束后，服务顾问引领客户回到维修接待前台，将预先打印好的结算单向客户解释清楚，目的就是让客户明明白白地消费，而且费用没有跟预估的有出入，即便有增项，也是经过客户同意后才产生的。解释的要点如下：

1）服务顾问将结算单正面面向客户，向客户说明更换的零部件、价格、工时费，并说明总费用，强调与之前预估的没有出入，请客户签字确认。

2）说明免费检查的内容和结果。维修车间有专用的车辆检查表，包括常规的例行检查，如灯光、油液、制动、转向等。

3）说明保修政策。常规保养享有的保修政策一般是30天或者2000km，其他更换的零部件与质保期相同，如更换发动机享受3年100000km质保。

4）免责协议。客户未同意处理的项目签免责协议，并提供用车建议，如：制动片磨损得比一般的车辆要严重，虽然现在还没到更换的程度，但是建议您之后用车还是尽量减少紧急制动，平稳行驶。

5）回收提车凭证。

6. 结账送离

在交车环节，服务顾问务必全程陪同客户，以专业且贴心的服务，为客户的售后体验画上圆满句号。当涉及费用结算时，服务顾问应亲自陪同客户前往收费处，在途中再次与客户确认付款方式，如是现金、刷卡、移动支付或是其他特殊支付渠道，确保信息准确无误后，主动且清晰地告知收银员。收银员需展现出良好的职业素养，始终保持站立姿势，面带微笑，真诚地迎接客户。在完成收款操作后，迅速且准确地为客户开具正规发票以及放行条，保证每一张票据信息完整、清晰。此时，服务顾问应同步整理好相关单据，如发票、放行条、结算单以及详细的车辆检查报告等，装入信封，以整齐、有序的方式交给客户，让客户感受到服务的细致与用心。

最后服务顾问引领客户前往交车区取车。在这段路途中，可适当与客户进行轻松的寒暄，如自然地询问客户对本次服务的满意度。若客户表达了肯定与认可，服务顾问应真诚致谢，让客户感受到自身的认可被珍视；要是客户提出意见，服务顾问更要虚心倾听，以诚恳的态度接受，并对客户的反馈表达感谢，让客户知道其意见对服务提升至关重要。

到达交车区后，服务顾问先解锁车门，将钥匙双手递还给客户，随后小心地从车上取下三件套（座椅套、方向盘套、脚垫），动作规范且利落。之后，礼貌地邀请客户上车，特别注意做出标准的护顶动作，避免客户头部碰撞到车门。最后，与客户挥手、热情道别，再次感谢客户的光临，并诚挚欢迎客户下次再来。送别时站在车后方，目送客户驾车离开，直至客户的车辆消失在视线中，确保整个交车服务流程有始有终，为客户留下美好的印象。

拓展阅读

案例：

秦女士将车辆送至4S店进行常规保养，保养项目包括更换机油、机油滤清器以及全车检查。车辆保养完成后，客户前来取车。客户到店后，服务顾问小万并没有提前准备好车辆和相关资料，导致交车过程混乱无序。客户在等待过程中，多次催促，但小万以"正在准备"为由敷衍了事，导致客户等待时间过长、情绪焦躁。

在交车时，小万只是简单地将钥匙交给客户，并没有详细讲解保养内容和注意事项。当客户询问保养细节时，小万含糊其辞，无法给出明确的解释，甚至将保养项目张冠李戴，导致客户对保养质量产生怀疑。

客户发现车辆外观没有清洗干净，车内也残留着维修时的污渍和脚印。当客户提出疑问时，小万以"洗车房排队"为由推卸责任，并表示如果清洗，客户需要额外支付费用。

在整个交车过程中，小万没有主动询问客户的需求，也没有提供任何增值服务。例如，客户在离店时，小万没有主动提醒客户下次保养的时间和里程，也没有告知客户可以享受的优惠活动和保修政策。

客户对小万的交车服务非常不满，认为该4S店服务态度差、专业性不足，表示以后不会再来这家4S店进行保养。此外，客户还在社交媒体上分享了这次不愉快的服务体验，对该4S店的品牌形象造成了负面影响。

案例解析：

服务顾问小万在交车环节的不足之处在于：没有提前准备好车辆和相关资料，导致交车过程混乱无序，浪费客户时间，降低客户体验；没有详细讲解保养内容和注意事项，甚至将保养项目张冠李戴，缺乏专业性，无法赢得客户的信任；忽视细节，车辆清洁不到位，给客户留下了不好的印象，降低了客户的满意度；态度冷漠，缺乏服务意识，无法为客户提供优质的服务体验，最终导致客户流失。

4S店服务顾问的交车环节是客户体验的最后一步，也是至关重要的一步。服务顾问的服务态度、专业水平、细节处理直接影响着客户的满意度和忠诚度。因此，该4S店应加强对服务顾问的培训和管理，提升其服务意识和专业技能，为客户提供高效、专业、细致的交车服务。

新能源汽车
维修业务接待

项目八

回访客户

项目描述

对客户进行定期的跟踪回访,主要是为了查找我们在工作中的失误和问题产生的原因,减少或消除客户的误解、抱怨并使客户感受到关心和尊重,从而与客户建立更牢固的关系,以提高客户的忠诚度。本项目主要学习如何给客户解释回访、执行回访,本项目包含以下两个工作任务:

任务一	解释回访
任务二	执行回访

通过完成以上两个工作任务,你能为客户解释为什么要进行回访,并顺利完成客户回访工作。

任务一 解释回访

一 任务描述

客户委托：解释维修服务回访。

任务描述：在没有给客户进行回访前，掌握回访的目的、作用、分类及方式。

二 行动目的

实施步骤	素质	技能	知识
1. 回访的概念	以诚待客，以德维客	能客观地向客户说明回访的目的、作用	回访的含义
2. 回访的目的及作用			回访的目的及作用
3. 回访的类型			回访的类型
4. 回访的方式			回访的方式

三 行动步骤

1. 回访的概念

_____

_____

2. 简述对客户进行回访的目的及作用

_____

_____

3. 回访的类型

_____

_____

4. 根据回访流程，简述下列回访类型的工作流程

（1）维修保养车辆客户的满意度电话回访

_____

_____

_____

（2）流失客户电话回访

_____

_____

_____

（3）定期保养、保险到期等客户电话提醒

_____

_____

_____

5. 回访的方式

_____

_____

_____

四 评价及总结

1. 学生自我评价表

评价项目	评价标准	分值	得分
回访的概念	能掌握回访的概念	10	
进行回访的目的及作用	能说出对客户进行回访的目的及作用	20	
回访的类型	能区分不同类型的回访	15	
回访类型的工作流程	能说出不同类型回访的工作流程	15	
工作态度	态度端正、未出现无故迟到、早退、旷课现象	10	
工作质量	能按工作页要求完成工作任务	10	
职业素养	能做到礼貌、真诚待客、话术流畅	10	
协调能力	与小组成员、同学之间能合作交流，团队氛围融洽	10	
合计		100	

2. 教师评价表

评价项目		评价标准	分值	得分
考勤（10%）		未出现无故迟到、早退、旷课现象	10	
工作过程（60%）	回访的概念	能说出回访的概念	10	
	回访的目的及作用	能说出回访的目的及作用	15	
	回访类型的工作流程	能区分不同类型回访的工作流程	15	
	工作态度	态度端正、认真、主动	5	
	工作质量	能按工作页要求完成工作任务	5	
	职业素养	精神饱满、礼貌、真诚待客，动作规范麻利、话术流畅	5	
	协调能力	与小组成员、同学之间能合作交流，团队氛围融洽	5	
成果展示（30%）	工作完整	能按时完成任务	5	
	工作规范	能按规范要求完成各个动作	5	
	成果展示	能区分不同类型的客户回访及流程	20	
合计			100	

五 相关知识点

回访客户是目前汽车维修行业普遍推行的服务流程之一，旨在通过与客户建立长期的沟通联系，提高客户的满意度和忠诚度。回访不仅能够帮助企业了解客户需求和反馈，还能及时发现并解决潜在问题，从而提升服务质量。在汽车维修行业中，回访通常包括对车辆维修质量的跟踪、客户满意度的调查以及后续保养建议的提供等。这一流程的实施，对于提升企业形象、增强市场竞争力。

1. 回访的目的及作用

1）汽车维护服务属于频次消费，一次维修的结束并不代表服务的终止。汽车维护服务的性质决定了它是一个周期性、持续性的服务过程，每一次维修或保养的完成，都只是整个服务周期中的一个环节。因此，回访是连接各个服务环节的重要桥梁，它能够确保服务的连续性和完整性。

2）企业可以通过回访，及时发现服务过程中存在的不足，及时解决客户的不满意之处，消除分歧。回访不仅是一种售后服务，更是一种质量控制手段。通过与客户的直接沟通，企业能够获得第一手的反馈信息，了解服务中的问题所在，从而采取措施进行改进，提升客户满意度。

3）企业通过回访，解答客户在车辆使用过程中的疑难问题，从而使企业的服务具有主动性，有利于企业培养稳定的客户群。主动的回访服务能够体现出企业对客户的关心和重视，这种积极的服务态度能够增强客户的信任感，进而促进客户忠诚度的提升。

4）企业通过回访，可以发现新的服务机会，进行新的服务预约，完成企业的闭环服务作业。回访不仅有助于解决现有问题，还能够挖掘潜在需求，为客户提供更多的增值服务。通过这种方式，企业能够实现服务的闭环管理，确保客户体验的连贯性和完整性，有利于企业在竞争激烈的市场中脱颖而出。

2. 回访的类型

根据售后服务的周期性特点，我们可以将回访的类型细分为以下几种：

（1）一般回访

1）在客户进行预约时，服务顾问需要详细记录客户的预约信息，填写相应的预约单，并确保将这些信息及时通知给负责接单的服务顾问。

2）服务顾问负责整理和更新客户资料，如果遇到联系不上客户或客户资料发生变化的情况，应及时与服务顾问沟通，确保信息的准确性和及时性。

（2）满意度调查回访

1）服务顾问需要邀请客户对企业的整体服务进行评价，包括但不限于服务态度、维修保养的质量、服务顾问的专业水平、休息区的服务体验以及维修价格的合理性等。在进行评价的过程中，服务顾问应详细记录客户的反馈。

2）服务顾问应主动了解客户的车辆使用情况，解答客户在使用过程中遇到的疑问，并以积极的态度引导客户。对于那些无法立即解答的问题，服务顾问应做好记录，并与客户协商一个具体的反馈时间。

（3）投诉处理回访

当服务顾问遇到客户的投诉时，首先应以真诚的态度向客户道歉，然后认真地将客户的投诉内容详细地记录在投诉处理单上。在记录的同时，服务顾问应表达对客户诉求的理解，并明确告知客户将会立即联系相关部门或人员进行处理。

（4）主动邀约回访

1）服务顾问应定期查看客户档案，对于那些即将到达保养周期的车主，服务顾问应主动提醒客户，并邀请他们来4S店进行保养服务。

2）如果企业即将举办促销活动，服务顾问应根据客户档案，识别出符合参加促销活动条件的车主，并主动向他们发出邀约，以便他们能够享受到促销活动带来的优惠。

（5）关爱问候回访

服务顾问查阅客户档案，以确保在重要的节假日或者对客户个人具有特殊意义的日期，能够及时地向客户传达温馨的问候和关怀。这种个性化的服务不仅体现了公司对客户的重视和尊重，而且有助于加深客户与公司之间的情感联系，从而提升客户满意度和忠诚度。

服务顾问在日常工作中，经常会进行一系列的回访活动，这些回访活动的主要目的是更好地了解客户的需求和满意度，以及提供更加贴心的服务。以下是一些服务顾问最常见的回访类型：

(1) 维修保养车辆客户的满意度电话回访

当客户在 4S 店完成了车辆的维修或者保养之后,为了确保客户对车辆的使用情况感到满意,并且收集客户对服务过程的意见或需求,服务顾问通常会安排一次电话回访。这种回访一般会在客户维修或保养完成后的 3 天内进行,以确保客户对服务的印象还未消退,从而获得更真实、更准确的反馈。

(2) 流失客户电话回访

流失客户电话回访,主要针对那些已经 6 个月没有再次光顾 4S 店的客户。

服务顾问每天的工作开始之前,会登录售后系统,导出当天对应的流失客户名单。服务顾问将根据这份名单逐一进行电话回访,目的是了解客户不再光顾的原因,并尝试重新建立联系。完成当天的回访工作后,服务顾问需要在"每日流失客户回访明细统计表"中详细记录回访的情况,包括回访的时间、客户的反馈以及任何可能的跟进措施。

(3) 定期保养、保险到期等提醒

服务顾问每天早上会进入售后系统,导出当日需要进行定期保养的客户清单,以及那些保险即将到期的客户名单。服务顾问将根据这些清单,逐一进行电话提醒,确保客户不要错过重要的保养或保险续期时间。完成当天的电话提醒工作后,服务顾问需要在"每日定期保养、保险到期等客户回访明细统计表"中记录回访的详细情况,包括回访的时间、客户的反馈以及任何可能的后续服务安排。

3. 回访的方式

在售后服务中,客户回访是确保服务质量、提升客户满意度的重要环节。回访可以通过多种方式进行,包括电话回访、电子邮件(信函)回访以及上门回访等。每种回访方式都有其独特的优势和适用场景。电话回访是一种直接且即时的沟通方式,能够迅速了解客户的需求和反馈,同时也能体现出企业对客户的重视和关怀。电子邮件(信函)回访则更加便捷,可以覆盖更广泛的客户群体,尤其适合于那些不愿意或不方便接听电话的客户。上门回访则是一种更为深入和个性化的服务方式,可以面对面地解决问题,增强客户的信任感和忠诚度。综合来看,电话回访结合上门回访的方式,能够兼顾效率和效果,是最为有效的一种客户回访方式。通过电话的及时沟通,再辅以面对面的深入交流,可以更全面地解决客户的问题,提升客户体验,从而达到提高客户满意度和忠诚度的目的。

(1) 电话回访

电话回访作为一种服务的延伸,访问者实际上代表了 4S 店的形象,因此在用语、访问内容以及程序上都必须严格遵循一定的规范,以确保能够充分体现出 4S 店的标准化服务。为了达到这一目标,电话回访需要严格遵守以下几点要求:

1) 在拨打电话之前,务必要准备好客户的档案资料以及自己的记录工具,以便能够准确无误地记录下回访过程中的所有重要信息。

2) 建议在通话过程中使用标准化的问话语句以及规范的语言顺序,确保发音自然、态度友善,避免给客户造成他的车辆存在潜在问题的印象。

3) 强调使用标准问话语句和规范语言顺序的重要性,因为这有助于营造一个积极的沟通氛围，让客户感到舒适和满意。

4）在通话过程中，要耐心倾听客户的讲话，不要打断他们，同时要认真记录下客户的评价，无论是批评还是表扬，这些反馈都是宝贵的。

5）回访人员应当具备基本的汽车维修知识，并且掌握良好的语言沟通技巧，这样才能更好地与客户进行沟通。

6）选择合适的通话时间，避免在客户的休息时间、会议高峰或活动高峰期间进行电话回访，根据当地的实际情况，建议在上午 9:30—11:00，以及下午 2:00—4:30 进行回访，以减少对客户正常生活和工作的干扰。

7）如果客户在通话中表达了抱怨或不满，回访人员不应寻找借口来搪塞，而应该诚恳地告知客户，他们的意见已被详细记录，并且会立即转达给相关工作人员，确保客户的问题能够得到及时的解决，从而提升客户的满意度。

8）对每次电话回访后的跟踪情况进行详细分析，并根据分析结果采取相应的改进措施，以持续提升服务质量。

9）对于客户提出的不合理要求，回访人员需要耐心地进行解释，以确保客户能够理解并接受。

10）确保电话回访记录的各项表格填写完整且清晰，以便于后续的查询和分析。

（2）电子邮件（信函）回访

在尝试电话回访客户但未能成功联系到对方的情况下，我们应当采取另一种方式，即通过电子邮件或书面信函的形式来进行回访。这种做法通常会在电话回访后的第 4 天执行，以确保客户有足够的时间来回复我们的电话，同时也体现了我们对客户关系的重视和维护。

（3）上门回访

上门回访主要是针对那些已经提出投诉的客户。在进行上门回访之前，我们需要提前与客户进行预约，确保双方都有合适的时间进行交流。在约定的时间内，我们的工作人员会亲自上门，与客户进行面对面的沟通，并且在回访过程中详细记录下客户的反馈和建议。这样的做法不仅能够及时解决客户的问题，还能够进一步加深我们与客户之间的信任和理解。

任务二 执行回访

一 任务描述

客户委托：对上次10000km的常规保养、维修项目进行回访。

任务描述：客户张先生到比亚迪店给爱车汉DM-i做了10000km的常规保养，在保养过程中修理了底盘异响的故障，同时做了一个四轮定位和动平衡，增添了一个行车记录仪。保养已经结束，请你以该4S店服务顾问的身份，对张先生进行回访。

二 行动目的

实施步骤	素质	技能	知识
1. 准备回访资料	一丝不苟的工作态度、以礼待客	能有效进行客户跟踪回访	回访资料准备
2. 致电客户			致电回访客户的话术
3. 记录客户反馈			填写客户记录表

三 行动步骤

1. 回访资料准备包括哪些

_____

_____

2. 客户接到电话后说不方便接电话，应该怎样回应

_____

_____

3. 如果客户留下的电话显示是空号，应该怎样处理

_____

_____

4. 如果客户反映维护时间长，应该如何应对

_____

_____

四 评价及总结

1. 学生自我评价表

评价项目	评价标准	分值	得分
准备客户资料	能根据回访要求准备好回访的资料	10	
致电客户	能掌握客户回访的话术及技巧，能够完成客户回访工作	30	
记录客户反馈	能准确记录客户反馈意见	20	
工作态度	态度端正、未出现无故迟到、早退、旷课现象	10	
工作质量	能按工作页要求完成工作任务	10	
职业素养	能运用回访技巧进行客户回访	10	
协调能力	与小组成员、同学之间能合作交流，团队氛围融洽	10	
合计		100	

2. 教师评价表

评价项目		评价标准	分值	得分
考勤（10%）		未出现无故迟到、早退、旷课现象	10	
工作过程（60%）	准备客户资料	能准备好回访客户资料	10	
	致电客户	能通过回访的话术及技巧对客户完成回访	20	
	仪容仪表	着装得体、头发干净、符合礼仪要求、精神饱满、面带笑容	5	
	工作态度	态度端正、认真、主动	10	
	工作质量	能按工作页要求完成工作任务	5	
	职业素养	精神饱满、礼貌、真诚对客户进行回访	5	
	协调能力	与小组成员、同学之间能合作交流，团队氛围融洽	5	
成果展示（30%）	工作完整	能按时完成任务	5	
	工作规范	能按规范要求完成各个动作	5	
	成果展示	顺利地完成客户回访	20	
合计			100	

五 相关知识点

汽车维修保养后的回访，是维系客户关系、提升服务质量的关键举措。通过回访，能够及时了解客户对维修保养服务的真实感受，为改进服务提供了直接依据。这不仅有助于解决客户在使用车辆过程中遇到的问题,增强客户对维修保养服务的信任,还能提升客户满意度和忠诚度,为企业树立良好的口碑。从长远来看,积极有效的回访可以增加客户再次光顾的可能性,促进业务的持续增长,巩固品牌在市场中的竞争力。

通常在服务完成后的 1～3 天内进行回访,确保客户有足够的时间体验维修或保养的效果,同时问题还处于新鲜期。

(1) 回访资料准备

1) 依据计划筛选客户。服务顾问依据"客户回访计划",着手准备客户回访资料。一方面,从每日的维修工单中,或借助 DMS,筛选出 3 天前出厂需回访的客户。同时,利用 DMS 系统搜索长时间未进店维修的客户。在筛选过程中,全面收集客户的基本情况,涵盖姓名、职务、年龄等,以及客户服务相关的记录、消费特点等信息。

2) 深入了解维修详情。对于确定回访的客户,深入了解其维修(保养)记录。包括过往的维修记录,明晰维修过的具体部位、更换的零部件等;查看维修建议,落实维修技师给出的后续注意事项和定期保养要点;梳理客户反馈,了解客户之前对维修保养服务的评价和意见。

3) 准备回访工具。精心准备电话回访工具,完成基本信息录入的客户回访表,确保表中客户信息准确、完整,方便回访时对照记录。同时,针对不同的服务活动,准备相应的话术或短信,以便在回访中灵活运用,与客户进行有效沟通。

(2) 致电客户

1) 礼貌开场。拨通客户电话后,使用标准话术:"您好,× 女士,我是 × 公司的服务顾问 ×。"全程保持甜美的声音、真诚的微笑,用积极平和的语气、精练的语言进行交流,不急不躁,充分体现对客户的关怀。

2) 清晰地说明目的。确认客户身份后,告知客户此次电话的预计用时,并询问客户当下是否方便接听。清晰表述致电目的,如"想了解一下您车辆维修保养后的使用情况",陈述简明扼要,确保目的传达明确。

3) 有效沟通与总结。耐心了解客户需求,针对客户提出的问题,详细介绍解决方案。沟通结束前,对谈话内容进行总结复述,向客户确认关键信息,如"也就是说,您目前主要担心的是 × 问题,我向领导反馈后再给您答复,您看这样可以吗?"

4) 礼貌收尾。询问客户是否还有其他需求,如"请问您还有什么需要我们帮忙的吗?";感谢客户接听电话,如"非常感谢您抽出时间与我交流",待客户回应后,礼貌挂机。

(3) 记录客户反馈

1) 及时备案与汇报。回访结束后,迅速在客户档案中进行备案。每日回访任务完成后,将当日回访记录交给服务经理,并及时向维修经理汇报跟踪结果,确保信息及时共享。

2) 应对抱怨投诉。若遇到客户抱怨投诉,立即将信息传递给零件部门、技术部门、保修部门等。在三个工作日内亲自给客户致电回复,致电时间适当提前,避免临近截止日期。同时,认真填写客户抱怨(投诉)记录表,详细记录投诉内容、处理过程和结果。

拓展阅读

案例：

客户陈女士在4S店做了保养，几天后她接到了4S店的回访电话，客服询问她对本次保养是否满意，陈女士想起当天有个细节体验感不太好，在保养结束的时候服务顾问将钥匙给了陈女士后，拆掉三件套就走了，陈女士发现她的行车记录仪被拔掉后并没有插回去，虽然不是大问题，但是还是觉得有点不太舒服，于是在接到电话回访时对客服人员反馈了该细节，并给出一般的评价。客服人员做出了真诚地道歉，并表明会对服务顾问加强专业培训。随后陈女士也接到了服务顾问的道歉电话，陈女士心里舒服了许多，并表示出原谅。

案例解析：

客服人员在回访时，不仅要认真倾听客户的反馈，还需要对客户提出的问题给予积极地回应和解决。在陈女士的案例中，虽然只是一个细节问题，但4S店能够迅速识别并赔礼道歉，同时采取措施加强员工培训，这种及时且真诚的反馈机制，有效提升了客户的满意度。通过此类案例，我们可以看到，回访工作不仅仅是了解客户的满意度，更重要的是通过实际行动来展现企业对客户需求的重视，以及持续改进服务的决心。在回访过程中，每一次与客户的互动都是建立信任、增强忠诚度的机会，因此，我们必须充分利用这些机会，以专业、真诚的态度去对待每一位客户，确保他们的声音被听到，确保他们的需求得到满足。

新能源汽车
维修业务接待

附 录

附录 A　主动预约实操考核评定表
附录 B　被动预约实操考核评定表
附录 C　预约确认实操考核评定表
附录 D　迎接无预约客户实操考核评定表
附录 E　迎接有预约客户实操考核评定表
附录 F　环车检查实操考核评定表
附录 G　车辆问诊实操考核评定表
附录 H　FABE 法则推荐产品实操考核评定表
附录 I　处理增项实操考核评定表
附录 J　结算交车实操考核评定表
附录 K　回访客户实操考核评定表

附录 A

表 A-1 主动预约实操考核评定表

评分环节	评分依据	分值	得分
准备工作	仪容整洁、统一着正装，正装表面无污渍	2	
	面带微笑，准备好预约登记表三声内接听来电	3	
预约过程	自报公司名称、岗位和姓名，并主动询问客户的需求、提供帮助	5	
	获得客户的姓名，在对话过程中尊称客户	5	
	征得客户同意，询问和记录客户及车辆的基本信息，边重复边记录（车牌号码、车型、里程、购车日期、联系电话、预约时间）	15	
	询问客户是否还有其他需要重点检查的地方，并记录	5	
	告知客户预约项目需更换的材料和价格（一项一项分开说）	20	
	告知客户预计能够交车的时间	5	
	向客户确认预约的关键信息（车牌号码、时间、总项目、费用）	5	
	向客户说明预约的有效时间	5	
	询问客户是否有指定的服务顾问和维修技师	5	
	提醒客户带好（智能）钥匙，避免保养过程中打扰客户	5	
	向客户致谢，结束谈话	5	
基本素养	音量、语速、语调适中，有活力，表达清晰	5	
	保持客气和礼貌、微笑	5	
	不打断客户谈话	5	
	合计	100	

附录 B

表 B-1　被动预约实操考核评定表

评分环节	评分依据	分值	得分
准备工作	仪容整洁、统一着正装，正装表面无污渍	2	
	面带微笑，在系统查看客户资料给客户去电	3	
预约过程	自报公司名称、岗位和姓名，并主动询问对方是不是 × 车主	5	
	确认客户后，在对话过程中尊称客户	5	
	提醒客户车辆该做保养，询问客户用车情况	15	
	询问客户是否还有其他需要重点检查的地方，并记录	5	
	告知客户预约项目需更换的材料和价格（一项一项分开说）	20	
	告知客户预计能够交车的时间	5	
	向客户确认预约的关键信息（车牌号码、时间、总项目、费用）	5	
	向客户说明预约的有效时间	5	
	询问客户是否有指定的服务顾问和维修技师	5	
	提醒客户带好（智能）钥匙，避免保养过程中打扰客户	5	
	向客户致谢，结束谈话	5	
基本素养	音量、语速、语调适中，有活力，表达清晰	5	
	保持客气和礼貌、微笑	5	
	不打断客户谈话	5	
合计		100	

附录 C

表 C-1　预约确认实操考核评定表

评分环节	评分依据	分值	得分
准备工作	仪容整洁、统一着正装，正装表面无污渍	2	
	面带微笑，在系统查看客户资料给客户去电	3	
预约过程	自报公司名称、岗位和姓名，并主动询问对方是不是 × 车主	5	
	确认客户后，在对话过程中尊称客户	5	
	与客户确认预约信息（车牌号码、预约时间、保养项目）	5	
	询问行程是否有变化	5	
	询问进店方式	5	
	询问客户是否还有其他需要重点检查的地方，并记录	5	
	告知客户预约项目需更换的材料和价格（一项一项分开说）	20	
	告知客户预计能够交车的时间	5	
	向客户确认预约的关键信息（车牌号码、时间、总项目、费用）	5	
	向客户说明预约的有效时间	5	
	询问客户是否有指定的服务顾问和维修技师	5	
	提醒客户带好（智能）钥匙，避免保养过程中打扰客户	5	
	向客户致谢，结束谈话	5	
基本素养	音量、语速、语调适中，有活力，表达清晰	5	
	保持客气和礼貌、微笑	5	
	不打断客户谈话	5	
合计		100	

附录 D

表 D-1　迎接无预约客户实操考核评定表

评分环节	评分依据	分值	得分
准备工作	仪容整洁、着正装，正装熨平	5	
	迅速准备好工作夹板、接车单、三件套	5	
迎接客户	第一时间上前热情问候客户，询问来意	10	
	找准时机主动帮客户打开车门	5	
	主动自我介绍并递上名片，礼仪正确	5	
	询问客户称呼并记录，在交谈过程中使用，面带微笑	5	
	询问客户是否预约，并介绍预约的好处	10	
	询问客户是否带有（智能）钥匙	10	
	询问客户是否还有其他需要重点检查的地方	10	
铺设防护用品	在上车之前，礼貌提醒客户保管好财物，并取走车内的贵重物品	10	
	向客户说明安装三件套的作用	10	
	当着客户的面安装三件套，动作迅速，顺序正确	5	
	安装三件套的过程中，适当与客户进行寒暄	10	
合计		100	

附录 E

表 E-1　迎接有预约客户实操考核评定表

评分环节	评分依据	分值	得分
准备工作	仪容整洁、着正装，正装熨平	5	
	迅速准备好工作夹板、接车单、三件套	5	
迎接客户	第一时间上前热情问候客户，能用客户姓氏尊称客户	10	
	主动自我介绍，表明今天的服务将由自己进行全程服务	10	
	找准时机主动帮客户开门	10	
	向客户递上名片	10	
	询问客户是否带有（智能）钥匙	10	
	询问客户是否还有其他需要重点检查的地方	10	
铺设防护用品	在上车之前，礼貌提醒客户保管好财物，并取走车内的贵重物品	10	
	向客户说明安装三件套的作用	10	
	当着客户的面安装三件套，动作迅速，顺序正确	5	
	安装三件套的过程中，适当与客户进行寒暄	5	
	合计	100	

附录 F

表 F-1　环车检查实操考核评定表

评分环节	评分依据	分值	得分
准备工作	仪容整洁、着正装，正装熨平	2	
	迅速准备好工作夹板、接车单、三件套	2	
迎接客户	第一时间上前热情问候客户，询问来意	2	
	请客户下车，并主动帮客户打开车门	2	
	主动自我介绍，并递上名片，礼仪正确	2	
	询问客户用尊称并记录问题，在交谈过程中使用礼貌用语，面带微笑（如果是预约车辆，必须第一时间用客户姓氏进行尊称）	2	
	询问客户是否预约，并介绍预约的好处	2	
	询问客户是否带有（智能）钥匙	2	
	询问客户是否还有其他需要重点检查的地方	2	
内饰检查	在上车之前，礼貌提醒客户保管好财物，并取走车内的贵重物品	2	
	向客户说明安装三件套的作用	2	
	当着客户的面安装三件套，动作迅速，顺序正确	2	
	安装三件套的过程中与客户进行适当的寒暄	3	
	征求客户同意再进入驾驶室检查	2	
	检查并说明里程、电池电量、油量（如有），并当面向客户说明并记录（里程数精确到个位）	3	
	检查车内仪表指示灯、灯光、屏幕、音响、空调、天窗、化妆镜、顶篷、玻璃升降器、安全带等，并当面向客户说明情况	10	
	征询客户同意，打开检查中央扶手箱、杂物箱	2	
	在车辆检查过程中，适当地赞美客户	2	
	下车前征询客户同意检查行李舱、前舱盖	2	

(续)

评分环节	评分依据				分值	得分
环车检查	说明环车检查的目的，并主动邀请客户一起环车检查				2	
	正面面向客户（服务顾问倒着走）引领客户检查外观				2	
左前侧	车顶	左前玻璃	左后视镜	左前门	8	
	左前下裙	左前翼子板	左前轮胎	左前轮毂		
正前方	前风窗玻璃	前舱盖	前照灯	前格栅	8	
	前保险杠	前舱盖液压支撑杆	刮水器	机油（如有）		
右侧	右前翼子板	右前轮胎	右前轮毂	右后视镜	16	
	右前玻璃	右前门	右前下裙	右后翼子板		
	右后下裙	右后玻璃	右后门			
	右后翼子板	右后轮胎	右后轮毂	充电口或加油口盖（如有）		
正后方	后风窗玻璃	尾门	尾灯	后保险杠	5	
	随车工具					
左后侧	加油口盖（如有）	左后翼子板	左后轮胎	左后轮毂	7	
	左后玻璃	左后门	左后下裙			
核对	向客户小结车辆的检查情况，并请客户核对、签字、预留电话号码				2	
个人表现	动作干脆利落、专业、面部表情柔和、富有亲和力、目光真诚				2	
合计					100	

附录 G

表 G-1　车辆问诊实操考核评定表

评分环节	评分依据	分值	得分
准备工作	仪容整洁、着正装，正装熨平	2	
	迅速准备好工作夹板、接车单	2	
迎接客户	第一时间上前热情问候客户，询问来意	2	
	请客户下车并主动帮客户打开车门	2	
	主动自我介绍，并递上名片，礼仪正确	5	
	询问客户称呼并记录，并在交谈过程中使用尊称，面带微笑（如果是预约车辆，必须第一时间用客户姓氏进行尊称）	2	
问诊（制动异响）	针对客户反馈的制动异响问题进行问诊，适当地重复客户的话语，并记录在接车单上，切忌一味生硬地提问	5	
	询问客户制动异响的声音是什么样的？如"吱吱吱"的响声或者是"嘎嘎嘎"的响声	10	
	询问客户异响是从哪个车轮区域发出来的	10	
	询问客户最近是否都是本人在用车	10	
	询问异响出现到现在多长时间了	10	
	询问出现异响时是重踩制动还是轻踩制动	10	
	询问异响出现的频率	10	
	询问异响发生的路况	10	
	复述客户反馈的关键信息（自己组织语言串成一句话，切忌生硬地重复），安抚客户的情绪	10	
合计		100	

附录 H

表 H-1　FABE 法则推荐产品实操考核评定表

评分环节	评分依据	分值	得分
形象	仪容整洁、着正装，正装熨平	5	
发掘客户需求（1）	根据你观察到的情况发掘客户需求，并询问客户	5	
推荐合适的产品（精品）	产品特征	10	
	优点、好处	10	
	利益	10	
	证明	10	
发掘客户需求（2）	根据你观察到的情况发掘客户需求，并询问客户	5	
推荐合适的产品（养护）	产品特征	10	
	优点、好处	10	
	利益	10	
	证明	10	
个人表现	语言表达流畅真诚、面部表情柔和、富有亲和力、目光真诚	5	
合计		100	

附录 I

表 I-1　处理增项实操考核评定表

评分环节	评分依据	分值	得分
准备工作	仪容整洁、着正装，正装熨平	3	
	准备好增项材料	3	
来到休息室与客户当面沟通	见面寒暄，询问客户休息得怎么样	3	
	询问客户是否方便沟通	3	
	告知客户本次保养的进度	3	
与客户面对面口头说明交流	告知客户维修技师30项例行检查结果	5	
	告知增项产生的原因，并出示照片证明	10	
	说明更换或维修的必要性	10	
	说明不更换对车辆的影响	10	
	说明增项的零部件费用和工时费	10	
	说明总费用（包含之前的费用）	5	
	说明增项的时长，交车时间	5	
	询问旧件是否要带走	5	
打印并解释新的维修工单	重新打印维修工单	5	
	解释工单项目和费用，请客户签字确认	5	
	询问是否继续在店等待	5	
	请客户稍作等待，表明车辆维修好了会第一时间过来通知	5	
个人表现	动作干脆利落、专业、面部表情柔和、富有亲和力、目光真诚	5	
	合计	100	

附录 J

表 J-1　结算交车实操考核评定表

评分环节	评分依据		分值	得分
形象	仪容整洁、着正装，正装熨平		3	
服务顾问自检	保养项目的维修工单检查	车辆外观清洗情况检查	12	
	对客户车辆内饰进行简单的清洁	确认客户车辆设置在维修过程中是否变动，并复位（座椅、空调、音响）		
	维修项目检查	旧件检查		
邀请客户验车	到客户休息区通知客户，表明是在规定时间内完成了保养，征得客户同意验车		3	
	正确手势引领客户到达交车区		3	
成果展示	向客户展示外观清洁效果，询问客户是否满意		3	
	向客户展示内饰清洁、座椅、空调、音响恢复情况		3	
	展示维修的项目（更换的零配件，如更换机油，需有前后颜色对比）		3	
	展示旧件，并逐一说明		3	
人文关怀	适时介绍车辆养护知识或者用车建议		3	
	向客户说明下次保养时间和里程（具体到年月日、个位数里程）		3	
解释结算单	请客户回到维修接待前台，指引手势正确		3	
	询问客户是否还需要饮料		3	
	使用车辆检查报告单告知客户 30 项例行检查结果		3	
	礼貌请客户等待并打印结算单		3	
	结算单正面面向客户，一一解释维修项目及费用		10	
	请客户核对结算单并签字确认		3	
	回收提车凭证		3	

（续）

评分环节		评分依据	分值	得分
结账		陪同客户至收银台处，途中再次确认客户付款方式	3	
		介绍收银员与客户互相认识，礼仪正确，告诉收银员客户的付款方式	3	
		为客户包装维修清单票据，交予客户	3	
送客		引领客户到达交车区，礼仪正确	3	
		提醒客户随身物品是否已携带	3	
		了解客户对本次维修保养服务的满意度	3	
		与客户确认三日电话回访时间	3	
		感谢客户到店保养	3	
		当着客户的面取下防护三件套	3	
		把钥匙交还客户，与客户道别，目送客户	3	
个人表现		动作干脆利落、专业、面部表情柔和、富有亲和力、目光真诚	3	
合计			100	

附录 K

表 K-1 回访客户实操考核评定表

评分环节	评分依据	分值	得分
准备工作	仪容整洁、统一着正装，正装表面无污渍	5	
	面带微笑，准备好客户信息、回访登记表	5	
回访过程	自报公司名称、岗位和姓名	6	
	确认客户信息，拉近距离	6	
	说明电话来意，征求客户交流时间	6	
	询问车辆使用情况，解答客户的疑虑	6	
	再次提醒避免故障发生的注意事项	6	
	询问客户对本次保养服务是否满意	6	
	询问客户对本店需要改进的意见和建议	6	
	再次提醒客户下次车辆保养的时间及里程	6	
	鼓励和推荐客户主动预约	6	
	宣传预约的好处	6	
	向客户推荐 24h 服务电话	5	
	询问客户是否有其他的疑虑或需求	5	
	向客户致谢，结束谈话	5	
基本素养	语速、语调和清晰度	5	
	保持客气、礼貌、微笑	5	
	不打断客户谈话	5	
	合计	100	